W0188939

Alexander Goldwein

FERIENIMMOBILIEN IN DEN USA

Erwerben, Selbstnutzen & Vermieten

M&E Books Verlag

FERIENIMMOBILIEN IN DEN USA
Erwerben, Selbstnutzen & Vermieten
Alexander Goldwein
ISBN 9783947201235 (Taschenbuch)
ISBN 9783947201242 (Gebundene Ausgabe)
1. Auflage 2017
© 2017 by M&E Books Verlag GmbH, Köln

M&E Books Verlag GmbH
Thywissenstraße 2
51065 Köln
Telefon 0221 – 9865 6223
Telefax 0221 – 5609 0953
www.me-books.de
info@me-books.de
Steuer-Nr: 218/5725/1344
USt.-IdNr.: DE310782725
Geschäftsführer: Vu Dinh

Die Deutsche Nationalbibliothek verzeichnet diese Publikation in der Deutschen Nationalbibliographie. Detaillierte bibliographische Daten sind im Internet über http://dnb.de abrufbar.

VORWORT

Viele Menschen träumen von einer eigenen Ferienimmobilie in den USA. Dieser Ratgeber zeigt Ihnen, worauf es beim Erwerb und bei der Finanzierung ankommt und wie Sie Fehler vermeiden.

Ich bin gelernter Jurist und habe in drei Staaten in drei Sprachen studiert. Ich bin selbst Eigentümer von Ferienimmobilien in den USA, in Deutschland und in Spanien und habe mich fast 20 Jahre lang professionell mit Wohnimmobilien befasst. Vor diesem Hintergrund weiß ich genau, welche Informationen Sie als Erwerber einer Ferienimmobilie in den USA benötigen. In diesem Ratgeber werde ich Sie zielgenau mit dem praxisrelevanten Wissen versorgen und Sie in den Stand versetzen, Ihre Entscheidung auf einer soliden Informationsgrundlage aufzubauen. Das Buch deckt folgende Themenfelder ab:

- Kriterien für die Auswahl der Ferienimmobilie
- Ermittlung des angemessenen Kaufpreises
- Rechtssicherer Erwerb in den USA
- Eliminierung typischer Fehlerquellen
- Eigennutzung und Vermietung der Ferienimmobilie
- Ferienimmobilie in den USA als Kapitalanlage
- Steuerrechtliche Fragen beim Erwerb und bei der Vermietung

- VISA-Anforderungen für den langfristigen Aufenthalt in den USA

Sie erhalten umfangreiche Informationen und Checklisten für die Prüfung einer Ferienimmobilie auf Herz und Nieren. Schließlich werde ich die Grundlagen der Immobilienfinanzierung erklären und mit konkreten Berechnungen zeigen, wie Sie die Zinsbelastung einer Darlehensfinanzierung mit einem möglichst hohen anfänglichen Tilgungssatz und mit Sondertilgungen effizient senken können. Dabei gehe ich auch auf die Frage ein, ob es sinnvoller ist, das Darlehen bei einer Bank in den USA oder bei einer Bank in Deutschland aufzunehmen.

Ein grundlegendes Verständnis der entscheidenden Aspekte eines Ferienimmobilienkaufes und der Finanzierung ist auch deshalb unverzichtbar, weil die am Markt tätigen Akteure Eigeninteressen verfolgen, die in der Regel nicht deckungsgleich mit Ihren Interessen als Ferienimmobilienkäufer sind. Es ist daher Vorsicht geboten bei einer „Beratung" durch einen Immobilienmakler. Nur eine solide Informationsgrundlage wird Sie in den Stand versetzen, sich gegen Manipulationen und Einflüsterungen selbsternannter Berater zu immunisieren.

Wenn Sie dieses Buch sorgfältig gelesen haben, werden Sie in der Lage sein, den Kauf Ihrer Ferienimmobilie in den USA gut zu organisieren und Schritt für Schritt zum Erfolg zu führen.

Alexander Goldwein

INHALTSVERZEICHNIS

A. EINFÜHRUNG

Die Vereinigten Staaten von Amerika sind die für viele Menschen das Traumland schlechthin. Deshalb erstaunt es nicht, dass zusehends mehr Menschen aus Deutschland Ferienimmobilien in den USA kaufen. Besonders beliebt sind die Bundesstaaten Kalifornien und Florida. Sie eignen sich klimatisch bestens, um die ungemütliche Winterzeit in Deutschland zu überbrücken und bieten hohen Freizeitwert und viel Lebensqualität. Aber auch andere Bundesstaaten haben ihre Reize.

Die Motive für einen Ferienimmobilienkauf sind vielschichtig. Allen voran möchten Menschen auch im Urlaub in den eigenen vier Wänden leben und damit das gute Gefühl genießen, am Ferienwohnsitz wirklich zu Hause zu sein und nicht nur Gast in einem Hotel.

Genauso häufig wird angegeben, dass man in Sachwerte investieren möchte. Da ist man natürlich schnell beim Thema Immobilien. Insbesondere vor dem Hintergrund, dass die Immobilienpreise in Deutschland seit 2007/2008 in einem ungesunden und bedenklichen Maß gestiegen sind, liegt die Überlegung nahe, den Kauf einer Ferienimmobilie im Ausland in Erwägung zu ziehen. Dabei können Käufer in den USA davon profitieren, dass der Immobilienmarkt dort nicht so überhitzt ist wie der deutsche Markt. Die Preise haben sich in den USA nach der Krise wieder gefangen und sind wieder auf ein normales Niveau angestiegen.

Die Rahmenbedingungen für Investitionen in Immobilien sind derzeit in den USA besser als in Deutschland. Das hängt auch damit zusammen, dass die Währungshüter der USA eine vorsichtigere und nachhaltigere Geldpolitik machen als die Europäische Zentralbank. Die Zurückhaltung der Federal Reserve Bank trägt Früchte. In den USA herrscht wieder ein gesunder Immobilienmarkt vor, der die Krise bereits überwunden hat. Ähnliches gilt für die Konjunkturaussichten in den USA. Hinzu kommt, dass der Euro derzeit noch einen recht günstigen Wechselkurs zum US-$ aufweist. Das dürfte sich bereits auf mittlere Sicht ändern. Auf lange Sicht dürfte der Euro erheblich an Wert verlieren im Vergleich zum US-$. Auch das ist ein Umstand, der eine Investition in eine US-Immobilie nahelegt.

Ob die Ferienimmobilie als Kapitalanlage sich wirklich rechnet, ist eine komplexe Fragestellung. Dabei sind der Einkaufspreis, die Vermietbarkeit und die erzielbare Miete und schließlich steuerrechtliche Aspekte zu beleuchten. Das gilt gleichermaßen für Ferienimmobilien in Deutschland wie in den USA.

Beim Kauf einer Ferienimmobilie in den USA ist besondere Vorsicht geboten, weil die rechtlichen Rahmenbedingungen ganz anders sind als in Deutschland. Viele Käufer machen den Fehler, dass sie unterstellen, dass in den USA die Rechtslage mehr oder weniger genauso wie in Deutschland sein muss. Das ist natürlich falsch. Jeder

Staat macht sein eigenes Recht. Es ist z.B. so, dass in den USA auch ein privatschriftlicher Kaufvertrag über eine Immobilie wirksam und bindend ist. Wer glaubt, dass er sich erst bei einer notariellen Beurkundung bindet (so die Rechtslage in Deutschland), der macht einen schweren Fehler.

Eine weitere Besonderheit ist der Umstand, dass es in den USA kein Grundbuch gibt, das mit öffentlichem Glauben ausgestattet ist. Daher müssen im Einzelfall Recherchen angestellt werden, um sicherzustellen, dass der Verkäufer auch Eigentümer ist und aufgrund einer lückenlosen Kette von vorhergehenden Eigentumsübertragungen dem Käufer wirksam das Eigentum verschaffen kann. Dabei bleiben am Ende des Tages mitunter Restunsicherheiten, mit denen man leben muss. Das heißt, dass Sie mit Unsicherheiten und Unwägbarkeiten konfrontiert werden, die Ihnen vor dem Hintergrund Ihres Lebens in Deutschland fremd und unglaublich erscheinen mögen.

Damit der Traum von einer Ferienimmobilie in den USA nicht zum Albtraum wird, werde ich Sie in diesem Ratgeber an die grundlegenden Fragen heranführen und Ihnen einen Weg aufzeigen, wie Sie teure und schmerzliche Fehler vermeiden können. So steigern Sie Ihre Chancen ganz erheblich, dass die Ferienimmobilie in den USA für Sie zu einem erfreulichen Thema wird.

B. GRUNDLEGENDE FRAGEN

Bei der Entscheidung für den Kauf einer Ferienimmobilie stellen sich grundlegenden Fragen:

- Soll die Immobilie nur für die Eigennutzung im Urlaub angeschafft werden?
- Soll die Immobilie auch vermietet werden?
- Ist die Immobilie mittelfristig oder langfristig als Hauptwohnsitz vorgesehen?
- Soll die Immobilie ausschließlich zu Wohnzwecken oder auch für gewerbliche Zwecke genutzt werden?
- Soll die Immobilie eine Rendite abwerfen oder geht es ausschließlich ums Vergnügen?

Von den Antworten auf diese grundlegenden Fragen hängt ab, ob sich eine Ferienimmobilie für Sie überhaupt lohnt und wenn ja, welcher Immobilientyp (freistehendes Haus, Reihenhaus oder Eigentumswohnung) und welcher Standort in Frage kommt.

Wenn die Ferienimmobilie mittelfristig Ihr Hauptwohnsitz werden soll (z.B. weil Sie kurz dem Renteneintritt stehen und auswandern wollen), dann sind natürlich andere Anforderungen zu stellen als wenn Sie eine reine Urlaubsimmobilie suchen, die Sie nur einige Wochen im Jahr selbst nutzen. Insbesondere müssen Sie sich die Frage stellen, ob Sie in dem Wunschland überhaupt einen langfristigen Aufenthaltstitel und erforderlichenfalls eine

Gewerbeerlaubnis erlangen können und welche Anforderungen dafür zu erfüllen sind. Wenn Sie als Deutscher in die USA auswandern, ist natürlich mit anderen aufenthaltsrechtlichen und ausländerrechtlichen Anforderungen zu rechnen als wenn Sie innerhalb der Europäischen Union auswandern. Viele Menschen machen sich falsche Vorstellungen von den Anforderungen, die US-Behörden für die Erteilung von Immigranten-Visa für einen dauerhaften Aufenthalt in den USA stellen. Diese Anforderungen sind außerordentlich hoch. Die gute Nachricht ist, dass die Visa-Anforderungen für befristete Aufenthalte von bis zu 6 Monaten pro Jahr für deutsche Staatsbürger relativ einfach zu erfüllen sind. Daher sind beispielsweise US-Immobilien für die Überwinterung in Florida im Hinblick auf die ausländerrechtlichen Rahmenbedingungen durchaus realisierbar.

Sie müssen auch bedenken, dass sprachliche und kulturelle Hürden zu nehmen sind. Sie müssen sich daher auch mit der Frage konfrontieren, ob die USA in dieser Hinsicht zu Ihren Wünschen und Anforderungen passen.

Wenn die Motivation ausschließlich darin besteht, eine gute Kapitalanlage zu tätigen, dann sind natürlich ganz andere Entscheidungskriterien gefragt als bei einer ausschließlichen Eigennutzung. Dann stellen sich vorrangig Fragen nach der Vermietbarkeit, nach der erzielbaren Rendite sowie nach steuerrechtlichen Rahmenbedingungen für die Vereinnahmung von Gewinnen und für den Ansatz von laufenden Kosten zur Reduzierung der Steuerlast. Insbesondere bei Ferienimmobilien in den

USA wirft der grenzüberschreitende Charakter einer solchen Kapitalanlage Fragen auf, die in Doppelbesteuerungsabkommen zwischen Deutschland und den USA behandelt werden.

Dieser Ratgeber wird Ihnen helfen, zu all diesen Themen die richtigen Fragen zu stellen und überzeugende Antworten zu finden.

I. STANDORTWAHL & STANDORTANALYSE

Bevor Sie sich für eine bestimmte Region und eine ganz bestimmte Immobilie entscheiden, müssen Sie Klarheit über die oben aufgeworfenen Fragen gewinnen, insbesondere wozu Sie die Immobilie anschaffen wollen. Wenn Sie diese Frage für sich beantwortet haben, können Sie beginnen, gezielt nach einer geeigneten Immobilie Ausschau zu halten. Einige grundlegende Strategien haben sich dabei bewährt, um einen Standort zu finden und zu analysieren:

Kaufen Sie niemals eine Immobilie in einer Stadt oder einer Region, die Sie noch gar nicht kennen. Das geht in den allermeisten Fällen schief. Eigentlich ist es unverzichtbar, an einem Ort zunächst mindestens einmal (besser mehrmals) einen längeren Urlaub zu verbringen, bevor man dort eine Immobilie kauft. Mit anderen Worten: Bevor Sie kaufen, sollten Sie erst mal mieten, um die Umgebung richtig kennen zu lernen. Denn die Atmosphäre und die Vorteile und Nachteile eines Standortes lernen Sie erst dann wirklich kennen, wenn Sie sich vor Ort einige Zeit aufgehalten haben. Das ist sehr gut investierte Zeit und kann Sie vor teuren Fehlgriffen bewahren.

Wenn Sie noch in der Orientierungsphase sind und noch nicht genau wissen, in welcher Region Sie Ihre Ferienimmobilie erwerben möchten, dann können Sie sich einen Überblick verschaffen indem Sie z.B. die Region zuvor mit einem Wohnmobil besuchen und sich gezielt mögliche Standorte anschauen. Nehmen wir ein Bespiel: Sie interessieren sich für eine Ferienimmobilie in Florida, sind aber noch unsicher, ob die Golfküste, die Atlantikküste oder die Keys als Standort für Sie geeignet sind. Investieren Sie einfach drei oder vier Wochen Urlaub und fahren Sie mit einem Wohnmobil an der Küste entlang und verschaffen Sie sich einen Eindruck von der Landschaft, von der Atmosphäre und vom Immobilienangebot. Nach einer solchen Erkundungsreise werden Sie in jedem Fall besser einschätzen können, welche Region wirklich für Sie in Frage kommt. Ich bin selbst einige Wochen mit dem Wohnmobil in Florida herumgefahren bevor ich dort ein Ferienhaus gekauft habe. Das war außerordentlich aufschlussreich. Danach wusste ich, welche Region zu meinen Wünschen und Bedürfnissen am besten passt. Bei einer solchen Reise können Sie auch problemlos Immobilien besichtigen und Kontakt zu Maklern vor Ort aufnehmen. Sie werden auf jeden Fall aussagekräftige Eindrücke und einen Überblick bekommen. Viel Besichtigungserfahrung schärft auch den Blick für die entscheidenden Kriterien.

Machen Sie aber bitte nicht den Fehler, sich während einer solchen Orientierungsreise spontan zur Unterzeichnung eines Kaufvertrages hinreißen zu lassen. Programmieren Sie sich ganz bewusst darauf, dass die Reise nur der Orientierung dient und nicht dem Abschluss eines Kaufvertrages. Setzen Sie sich unter keinen Umständen selbst unter Zeitdruck und lassen Sie sich von niemandem unter Zeitdruck setzen. Zeitdruck ist die häufigste Fehlerquelle für teure Fehlgriffe beim Ferienimmobilienkauf. Das ist ein Umstand, der weltweit Gültigkeit hat. Sie müssen insbesondere darauf vorbereitet sein, dass Immobilienmakler versuchen werden, Sie zu einem schnellen Kaufvertragsabschluss zu überreden und damit „argumentieren", dass diese einmalige Gelegenheit so schnell nicht wieder kommt und bereits diverse andere Interessenten Schlange stehen, um unterschreiben zu dürfen. Sie dürfen sich durch solche Manipulationsversuche nicht aus der Ruhe bringen lassen und müssen unbeirrt weiter Ihre eigenen Entscheidungskriterien anlegen.

Zu einer Standortanalyse gehören natürlich auch Vorüberlegungen zu den folgenden Punkten: Klima, Landschaft, Mentalität der Menschen, Konzentration bestimmter Nationalitäten und Schichten, Visa-Anforderungen für Ausländer, Sicherheitslage und vieles mehr. Ich persönlich bevorzuge Regionen, in denen es auch im Winter angenehm warm ist.

Wenn Sie für Ihre Lebensplanung eine „Zweistaatenlösung" zugrunde legen, dann kann es für Sie ausreichend sein, dass das Klima die Hälfte des Jahres ok ist. Ich denke dabei z.B. an Florida. Im Winter hat der Süden von Florida ein sommerlich warmes und angenehmes Klima. Im Sommer hingegen wird es unerträglich heiß bei sehr hoher Luftfeuchtigkeit. Temperaturen von über 30 Grad sind keine Seltenheit. Wenn Sie Deutschland nur in den Herbst- und Wintermonaten verlassen wollen, wäre die Sommerhitze in Florida für Sie daher kein Problem. Für einen ganzjährigen Aufenthalt hingegen wäre Florida aus klimatischen Gründen nicht so attraktiv. Wie Sie sehen, kommt es bei der Auswahl des Standortes Ihrer Ferienimmobilie sehr auf Ihre ganz persönlichen Ziele und Wünsche an.

Die Sprache ist auch ein wichtiges Kriterium. Es ist natürlich schön, wenn Sie bereits gut englisch sprechen. Das erleichtert vieles und wird einen positiven Beitrag dazu leisten, dass Sie sich wirklich zu Hause fühlen werden in Ihrer Ferienimmobilie in den USA. Es erleichtert bereits die Phase der Suche einer Immobilie und der Organisation des Erwerbsvorgangs ungemein. Wenn Sie die englische Sprache nicht beherrschen, sind Sie völlig abhängig von Beratern und Übersetzern. Das birgt eine größere Gefahr, dass Sie übervorteilt werden und keine guten Konditionen aushandeln können. Das ist ein nicht zu unterschätzender Aspekt. Andererseits ist es nicht erforderlich, die englische Sprache perfekt zu beherrschen. Eine Ferienimmobilie kann ja für Sie auch den positiven Nebeneffekt haben, dass Sie Ihre Grundkenntnisse in der Landessprache perfektionieren und ausbauen. Ein regelmäßiger Aufenthalt in einer fremdsprachigen Umgebung in den eigenen vier Wänden kann einen beachtlichen Motivationsschub geben, eine Sprache noch besser zu lernen. Ich spreche aus Erfahrung. Ich habe erst nach dem Kauf einer Ferienimmobilie in Spanien meine spanischen Sprachkenntnisse wirklich perfektioniert. Dabei waren nette Grillabende mit meinen spanischen Nachbarn ungemein motivierend. Ohne spanische Sprachkenntnisse hätte ich niemals ein so gutes Verhältnis zu meinen Nachbarn aufbauen können. Darüber hinaus hat sich herausgestellt, dass Kenntnisse der spanischen Sprache auch in Florida von Vorteil sind. Denn es gibt dort zahlreiche Zuwanderer aus Kuba und anderen lateinamerikanischen Staaten. In einigen Stadtteilen von Miami wird mehr spanisch als englisch gesprochen.

Last but not least spielen Visa-Anforderungen eine Rolle. Wenn Sie z.B. als Deutscher eine Ferienimmobilie in den USA kaufen, dann werden Sie keine unlösbaren Probleme bekommen, wenn Sie nicht länger als 90 Tage am Stück und nicht mehr als 6 Monate pro Jahr dort verbringen wollen. Wenn Sie sich jedoch dauerhaft in den USA niederlassen wollen, dann müssen Sie sehr hohe Anforderungen erfüllen für die Erlangung eines Aufenthaltstitels. Die Details werde ich Ihnen weiter unten in einem gesonderten Kapitel vorstellen.

II. FESTLEGUNG DES IMMOBILIENTYPS

Wenn Sie Klarheit darüber gewonnen haben, in welcher Region Sie eine Ferienimmobilie haben möchten, dann kommen weitere Fragen auf Sie zu: Soll es ein freistehendes Haus, eine Doppelhaushälfte oder eine Eigentumswohnung sein? Soll die Immobilie in einem touristischen Zentrum liegen oder eher in einem Viertel, in dem auch Einheimische wohnen? Muss es unmittelbar an der Küste sein oder ist auch eine Immobilie im Landesinneren für Sie akzeptabel?

Die Entscheidung hängt natürlich auch von den verfügbaren Mitteln ab und davon, wie viel Geld Sie investieren möchten. Wenn Sie die Immobilie als Altersruhesitz kaufen und planen, die meiste Zeit des Jahres darin zu verbringen, dann werden Sie natürlich eher bereit sein, mehr Geld zu investieren als wenn es nur eine reine Ferienimmobilie für einige Wochen Urlaub im Jahr sein soll, weil Sie noch mitten im Berufsleben stehen. In diesem Fall werden Sie eher nach einer Eigentumswohnung suchen als nach einem freistehenden Haus mit großem Garten.

Es kann für die Orientierung hilfreich sein, sich zunächst einen Überblick über die aktuellen Immobilienpreise in der Zielregion zu verschaffen. In manchen Ländern sind Immobilienmärkte relativ transparent und Durchschnittspreise leicht in Erfahrung zu bringen. In Deutschland sind z.B. die Bodenrichtwerttabellen und die Marktrichtwerttabellen des Gutachterausschusses sehr hilfreich. Sie liefern relativ zuverlässige Durchschnittspreise für bestimmte Regionen, Städte und sogar einzelne Stadtteile und Straßenzüge. Diese Zahlen werden zudem regelmäßig aktualisiert und aus tatsächlichen Immobilienverkäufen abgeleitet, die den Gutachterausschüssen von den Notaren gemeldet werden müssen.[1] Es handelt sich daher um sehr aussagekräftige Zahlen.

Die gute Nachricht ist, dass Daten mit einer ähnlichen und sogar teilweise sogar größeren Detailschärfe auch in den USA zur Verfügung stehen. Ich verweise zum Beispiel auf die Internetseite www.trulia.com. Dort können Sie den Namen eines Ortes in den USA eingeben und erhalten dann auf einer Karte die Kaufpreise angezeigt, die dort in der jüngeren Vergangenheit für konkrete Immobilien gezahlt worden sind. Sie können sogar durch Anklicken der einzelnen Immobilien die exakte Adresse und weitere Daten über die Immobilie abrufen. Für viele Immobilien sind sogar Fotos verfügbar. Mit solchen Daten können Sie sich ein relativ gutes und aktuelles Bild vom Preisniveau in einer ganz bestimmten Region machen.

Wenn Sie nun Ihre verfügbaren finanziellen Mittel für den Immobilienkauf mit den ermittelten Durchschnittspreisen abgleichen, dann können Sie daraus schon überschlägig ableiten, wie viel Ferienimmobilie Sie sich in welcher Region leisten können. Dabei können Sie als Faustformel zugrunde legen, dass eine Bank bei der

---

[1] Ich verweise dazu auf die folgende Internetseite:
http://www.gutachterausschuesse-online.de/

Finanzierung einer Ferienimmobilie in der Regel keinen allzu großen Darlehensanteil akzeptiert. Sie sollten daher einkalkulieren, dass Sie durchaus 40 bis 50% Eigenkapital einbringen müssen. Das ist aber auch in Ihrem eigenen Interesse. Denn die mit einer Ferienimmobilie erzielbaren Einnahmen aus Vermietung bleiben erfahrungsgemäß häufig hinter den Erwartungen und Versprechungen von Immobilienmaklern zurück. Auch aus diesem Grund bestehen Banken in der Regel auf einem höheren Eigenkapitalanteil als bei einer eigengenutzten Immobilie in der Heimat, die als Hauptwohnsitz dient.

III. WELCHE FACHLEUTE BRAUCHEN SIE?

Fest steht, dass Sie einen Immobilienkauf in den USA nicht ohne Unterstützung von Fachleuten durchführen können. Das dürfte aber auch für einen Immobilienkauf in Deutschland empfehlenswert sein. Für einen Immobilienkauf in einer fremden Rechtsordnung gilt diese Empfehlung umso mehr. Nun stellt sich die Frage, welche Fachleute und Berater Sie brauchen. Dazu werde ich Ihnen in den folgenden Abschnitten Informationen geben.

Vorweg gebe ich Ihnen den Rat, sich Berater **nicht** vom Verkäufer oder vom Immobilienmakler des Verkäufers empfehlen oder vermitteln zu lassen. Das gilt gleichermaßen für Rechtsanwälte, Steuerberater, Bausachverständige, Übersetzer und Dolmetscher. Denn bei vom Verkäufer oder von seinem Immobilienmakler empfohlenen Beratern besteht die Gefahr, dass diese im Lager des Verkäufers stehen und diesem gegenüber loyaler sind als Ihnen gegenüber. Denn diese Berater und der Verkäufer oder sein Makler kennen sich oft schon sehr lange und empfehlen sich gegenseitig. Ein Berater aus einem solchen Netzwert möchte auch morgen noch von seinen Leuten empfohlen werden. Mit Ihnen werden die Berater hingegen für den Rest ihres Lebens nichts mehr zu tun haben. Daher werden solche Berater eher die Neigung entwickeln, Ihre Interessen hinter die Interessen des Verkäufers oder seines Maklers zurückzustellen. Suchen Sie sich lieber selbst Berater und lassen Sie sich von diesen Referenzen geben und versuchen Sie, die fachliche Kompetenz des Beraters in Erfahrung zu bringen. Es macht einen Unterschied, ob ein Rechtsanwalt behauptet, dass er sich er sich mit Ferienimmobilien in den USA auskennt oder ob er tatsächlich viele Jahre Erfahrung auf diesem Gebiet hat und das dann auch durch entsprechende Referenzen nachweisen kann.

1. Rechtsanwalt („Attorney at Law")

Der Erwerb und die Finanzierung einer Ferienimmobilie in den USA sind komplexe Vorhaben. Sie müssen dabei viele rechtlich geprägte Themen abarbeiten und diverse Verträge abschließen. Zum Pflichtprogramm gehört z.B. die Prüfung der Baugenehmigung. Schließlich müssen Sie wissen, was im Kaufvertrag stehen sollte und wie der Erwerbsvorgang abläuft und organisiert wird. Darüber hinaus müssen Sie wissen, dass es z.B. Grundbücher deutscher Prägung in den USA nicht gibt und daher andere Prozesse zur Prüfung der dinglichen Rechtslage erforderlich sind als die Auswertung eines Grundbuchauszuges.

Den Abschluss von Verträgen (Kaufvertrag, Darlehensvertrag, Beraterverträge) müssen Sie so organisieren, dass diese in der richtigen Reihenfolge und zur richtigen Zeit geschlossen werden. Nur so können Sie erreichen, dass Sie die richtigen Fachleute zur richtigen Zeit an Bord haben und nicht in Schadensersatzansprüche hineinlaufen, wenn der Vollzug eines Kaufvertrages scheitert.

Sie können natürlich versuchen, all diese Aufgaben selbst zu bewältigen und auf die Einholung von Rechtsrat verzichten, um Kosten zu sparen. Wenn Sie zufälligerweise Jurist sind und darüber hinaus der englischen Sprache mächtig sind, ist das sicherlich eine durchaus vertretbare Vorgehensweise. In allen anderen Fällen würde ich Ihnen davon jedoch dringend abraten. Wenn es später Probleme gibt, weil Sie etwas übersehen haben, dann wird Ihnen erfahrungsgemäß im Nachhinein eingeholter Rechtsrat nicht mehr helfen können, den Schaden abzuwenden, weil die Verträge bereits abgeschlossen worden sind. Bestenfalls können Sie dann noch Schadensbegrenzung erreichen.

Wichtig ist dabei, dass Sie einen Rechtsanwalt wählen, der etwas vom Immobilienrecht in den USA versteht und darüber hinaus steuerrechtliche Aspekte berücksichtigt. Denn Immobilienkäufe haben viel mit steuerrechtlichen Fragestellungen zu tun. Wenig hilfreich sind Auskünfte von Rechtsanwälten, die besagen, dass es so oder so sein könnte und man nichts Genaues abschließend und verbindlich sagen kann. Solche Auskünfte sind leider keine Seltenheit bei Juristen. Sie brauchen aber eine echte Entscheidungshilfe und keine vage Beleuchtung von unzähligen Problemherden, die theoretisch denkbar sind, aber praktisch keine nennenswerte Relevanz haben. Moderne Rechtsanwälte arbeiten per Email und Telefon. Das ist effizient und zeitsparend.

Last but not least stellt sich für Sie die Frage, ob Sie einen deutschen Rechtsanwalt mit Zusatzqualifikationen

im relevanten US-amerikanischen Recht einschalten o-
der besser gleich einen US-amerikanischen Rechtsanwalt
(Attorney at Law mit einer Zulassung in dem entsprechenden Bundesstaat). In den USA erhalten Rechtsanwälte ihre Zulassung (anders als in Deutschland) nicht für
eine Tätigkeit in den gesamten USA, sondern nur für einen bestimmten Bundesstaat. Das ist konsequent, weil
die meisten Rechtsgebiete in jedem Bundesstaat anders
geregelt sind.

Es ist nach meiner Überzeugung vorzugswürdig, einen US-amerikanischen Rechtsanwalt mit Zulassung und
Kanzleisitz im relevanten Bundesstaat zu engagieren.
Denn deutsche Anwälte sind nur im Ausnahmefall wirklich versiert und erfahren im US-amerikanischen Recht
und im Recht des entsprechenden Bundesstaates. Ein
weiterer Vorteil ist, dass Anwälte in den USA in der Regel
viel preiswerter sind als deutsche Rechtsanwälte. Die
meisten Käufer haben es in der Rückschau bereut, einen
deutschen Rechtsanwalt eingeschaltet zu haben. Darüber
hinaus dürften interessierte Käufer in der Regel recht gut
die englische Sprache beherrschen. Es sollte daher auch
keine unüberwindbaren Sprachbarrieren bei der Einschaltung eines US-amerikanischen Rechtsanwaltes geben. Es spricht daher aus der Sicht eines deutschen Kauf-
interessanten alles für die direkte Einschaltung eines US-
amerikanischen Rechtsanwaltes ohne „Moderationsleis-
tungen" eines deutschen Rechtsanwaltes, die mit erheblichen Mehrkosten verbunden sind.

Bei der Auswahl eines US-amerikanischen Rechtsanwaltes ist es sinnvoll, auf hinreichende Expertise im Immobilienrecht zu achten. Das erreichen Sie z.B. dadurch, dass Sie einen Rechtsanwalt auswählen, der auch als Closing Agent tätig ist und entsprechende Erfahrung vorweisen kann.[2] Denn das ist der „Lackmustest", der hinreichende Expertise im Immobilienrecht und bei Immobilientransaktionen belegt.

2. Steuerberater („Tax Counsel")

Beim Kauf und Verkauf einer Ferienimmobilie stellen sich komplexe Fragen steuerrechtlicher Natur. Das beginnt schon beim Abschluss des Kaufvertrages und der Berechnung und Zahlung der Grunderwerbsteuer. Es ist jedoch wenig sinnvoll, separat einen Rechtsanwalt **und** einen Steuerberater zu engagieren. Besser dürfte es sein, eine Rechtsanwaltskanzlei auszuwählen, die auch Steuerberater an Bord hat. Im Idealfall ist der Berater sowohl Rechtsanwalt als auch Steuerberater in einer Person. So ist sichergestellt, dass steuerrechtliche Fragestellungen bereits bei der Gestaltung des Kaufvertrages berücksichtigt werden. Selbst beim Erwerb einer Immobilie für die ausschließliche Eigennutzung sind Sie mit steuerrechtlichen Themen belastet. Ich werde Ihnen das im Abschnitt C. IV. weiter unten detailliert darlegen.

---

[2] Ich verweise dazu auf die Ausführungen weiter unten in Abschnitt C. II. 4.

Last but not least stellt sich für Sie die Frage, ob Sie einen deutschen Steuerberater mit Zusatzqualifikationen im Recht des Wunschstaates einschalten oder einen ausländischen Steuerberater mit oder ohne deutsche Sprachkenntnisse. Im Prinzip ist beides möglich. Ganz entscheidend ist jedoch, dass der Steuerberater wirklich eine besondere Expertise und Erfahrungen auf dem Gebiet der Ferienimmobilien hat und grenzüberschreitend denkt. Denn die steuerrechtlichen Fragen bei Ferienimmobilien haben häufig eine grenzüberschreitende Dimension. Selbst wenn Sie in Deutschland wohnen und die Ferienimmobilie nur im Urlaub nutzen, sind Sie in dem Belegenheitsstaat zumindest beschränkt steuerpflichtig. Dabei stellen sich insbesondere Fragen der laufend fällig werdenden Grundsteuer, aber auch Fragen der Versteuerung von Mieteinnahmen und Veräußerungsgewinnen (jeweils mit einer grenzüberschreitenden Dimension). Sie werden daher nur Stückwerk und keine ganzheitliche Beratung aus einem Guss erhalten, wenn Sie einen Steuerberater einschalten, der nur die ausländische oder nur die deutsche Seite der steuerrechtlichen Fragen bedenkt. Beide Seiten müssen bedacht und berücksichtigt werden. Daran hapert es leider sehr häufig.

3. Der Bausachverständige ("House Inspector")

In den meisten Bundesstaaten (u.a. Florida) ist der Verkäufer verpflichtet, den Käufer über sämtliche Mängel der Immobilie zu informieren soweit diese nicht offensichtlich sind. Soweit die Theorie. Allerdings haben Sie als Käufer schlechte Karten, wenn der Verkäufer nach Abschluss des Kaufvertrages bestreitet, Kenntnis von einem Mangel gehabt zu haben. Es dürfte nur im Ausnahmefall gelingen, dem Verkäufer die Kenntnis eines Mangels zum Zeitpunkt des Vertragsabschlusses nachzuweisen. Sie müssen daher beim Kauf eines gebrauchten Ferienhauses in den USA die Bausubstanz und die Bauqualität durch einen Sachverständigen untersuchen lassen, um auf der sicheren Seite zu sein.

Damit ist kein umfangreiches Gutachten gemeint. Im Normalfall ist eine Auflistung von Bauschäden und Baumängeln mit einer überschlägigen Abschätzung der Kosten zur Beseitigung ausreichend. Wenn es Anhaltspunkte für gravierendere Mängel gibt, dann müssen Sie natürlich gründlicher prüfen lassen. Wenn Sie nicht zufällig von Beruf Architekt oder Bauingenieur sind, dann werden Sie eine solche Prüfung nicht ohne Hilfe von Fachleuten bewältigen können. Sie sollten einen kompetenten und professionellen Gutachter auswählen. Eine größere Gewähr bieten solche Gutachter, die lizensiert sind von der American Society of Home Inspektors.[3]

Eine Prüfung der Immobilie durch einen Bausachverständigen ist natürlich mit Kosten verbunden. Je nach Größe des Hauses und nach dem Umfang der Untersuchung, ist mit Kosten zwischen US-$ 200 und 2.000 zu rechnen. Für Sie als Käufer ist es ärgerlich, wenn sich gravierende Mängel herausstellen durch die Prüfung des Sachverständigen. Denn in diesem Fall wird der Kauf platzen und Sie bleiben auf den Kosten des Gutachters sitzen. Das können Sie verhindern, wenn Sie im Kaufvertrag ein Rücktrittsrecht und die Übernahme der Gutachterkosten durch den Verkäufer vorsehen für den Fall, dass das Gutachten gravierende Mängel zutage fördert. Eine solche Regelung ist fair. Denn der Verkäufer sollte seine Immobilie besser kennen als Sie. Da in vielen Bundesstaaten derzeit ein Käufermarkt gegeben ist, dürften Sie gute Karten haben, eine solche Regelung erfolgreich zu verhandeln.

Bei Häusern in Florida, Alabama, Mississippi, Louisiana, Texas und Georgia sollte sich die Untersuchung auch auf die Frage erstrecken, ob das Gebäude hinreichend stabil gebaut ist, um einem Hurricane standzuhalten. Das ist keine rein theoretische Frage, sondern ein sehr wichtiger Punkt da diese Staaten sehr gefährdet sind durch Hurricanes. Sie erinnern sich sicherlich noch an

---

[3] Ich verweise dazu auf die folgenden Internetseite: www.ashi.com

die Bilder des Hurricane „Katrina", der in dieser Region im Jahr 2008 gewütet und große Teile von Mississippi und Louisiana überschwemmt hat. Ganz aktuell haben im August und September 2017 mehrere Hurricanes („Harvey" und „Irma") schwere Verwüstungen und Überschwemmungen in Texas, Louisiana und Florida angerichtet.

In diesem Zusammenhang kann auch die Beschaffenheit des Geländes und der Umgebung eine Rolle spielen. Da beispielsweise Florida insgesamt sehr flach ist („flat like a pancake" wie Amerikaner zu sagen pflegen), können wenige Meter Höhenunterschied des Geländes bereits über Wohl oder Wehe im Falle eines Hurricanes mit Starkregen und Überschwemmungen entscheiden. Solche Höheunterschiede sind mit bloßem Auge kaum zu erkennen, können aber von einem Fachmann gemessen werden.

Dann gibt es noch Dinge, an die Sie als Deutscher vielleicht gar nicht denken würden: Termiten und holzfressende Käfer sind ein ernsthaftes Risiko für Häuser in Florida und anderen Staaten im Süden und Südosten der USA. Bei älteren Häusern ist eher mit einem Befall zu rechnen. Bei neueren Häusern wird üblicherweise der Baugrund vor der Errichtung des Gebäudes so behandelt, dass das Risiko eines Befalls mit diesen Schädlingen erheblich reduziert wird. In einigen Regionen gibt es darüber hinaus ein Problem mit Radongas, das im Verdacht steht, Krebs zu erregen. All diese Aspekte sollten Sie mit untersuchen lassen.

Wenn der Verkäufer nicht in der Lage ist, aussagekräftige Unterlagen vorzulegen, die Aufschluss über die Bauausführung und die in der Vergangenheit erfolgten Sanierungsmaßnahmen geben, bleibt gar nichts anderes übrig als die Bausubstanz durch einen Fachmann untersuchen zu lassen. Ein neutrales Bausubstanzgutachten gibt Sicherheit vor unangenehmen Überraschungen. Es schafft Klarheit über den Zustand der Immobilie, stellt den Instandsetzungs- und Modernisierungsbedarf fest und zeigt die Kosten auf, mit denen gerechnet werden muss. Es schützt Sie als Käufer davor, ein Gebäude zu erwerben, dessen Kaufpreis dem tatsächlichen Wert nicht entspricht, weil erhebliche Summen für die Sanierung aufgewendet werden müssen.

In diesem Zusammenhang kann es sinnvoll sein, eine Vermessung der Wohn- und Nutzflächen mit zu beauftragen, um die Flächenangaben des Verkäufers zu prüfen. Weil es nicht selten vorkommt, dass ein tatsächliches Flächenaufmaß Abweichungen von Planunterlagen und Angaben des Verkäufers zu Tage fördert, können sich daraus auch schlagkräftige Kaufpreisargumente ergeben. Es hat auch verhandlungstaktische Vorteile, hier eine dritte Person zuzuziehen, die nachweislich über die notwendige Expertise verfügt und eine gewisse Objektivität suggeriert.

In den USA ist es üblich, den Kaufvertrag unter der Bedingung zu schließen, dass die Untersuchung der Immobilie durch den „House Inspector" keine negativen Befunde zutage fördert. Das funktioniert so, dass der Käufer nach der Unterzeichnung des Kaufvertrages ein Zeitfenster von einigen Wochen[4] zur Verfügung hat, um die Immobilie untersuchen zu lassen. Wenn er die Zeit nicht für eine Untersuchung der Immobilie nutzt, wird der Kaufvertrag ungeachtet etwaiger Mängel definitiv wirksam und bindend. Wenn der Sachverständige gravierende Mängel findet, kann der Käufer vom Kaufvertrag Abstand nehmen. Das Zeitfenster von einigen Wochen ist dann ausreichend, wenn man als Käufer gut vorbereitet ist und bereits Kontakte zu Sachverständigen aufgebaut hat, die in den Startlöchern stehen. Daher ist es wichtig, dass Sie bereits vor der „heißen Phase" entsprechende Kontakt zu geeigneten Sachverständigen aufgebaut und die Konditionen mit diesen besprochen haben.

---

[4] Gemeint ist die Zeitspanne zwischen Abschluss des Kaufvertrages und dem Closing – Termin. Ich verweise dazu auf die Ausführungen weiter unten im Abschnitt C. II. 3. und 4.

4. Übersetzer & Dolmetscher ("Translator")

Wenn Sie die englische Sprache nicht beherrschen, dann brauchen Sie in jedem Fall einen Übersetzer und Dolmetscher. Ohne eine solche Unterstützung sind Sie nicht in der Lage, Verhandlungen mit dem Verkäufer zu führen und den Inhalt von Verträgen zu verstehen.

Wenn Sie Grundkenntnisse der englischen Sprache haben, ist das gut. Gleichwohl sollten Sie keinen falschen Ehrgeiz entwickeln und nicht auf die Unterstützung eines Übersetzers verzichten, wenn Sie nicht sicher sind, dass Sie den Vertragstext wirklich verstanden haben. Insbesondere bei Verträgen ist es wichtig, keine falschen Vorstellungen über den Inhalt zu haben und wirklich zu wissen was man unterschreibt. Wenn Sie z.B. einen US-amerikanischen Rechtsanwalt einschalten für den Kauf einer Ferienimmobilie in den USA, dann sollten Sie auch dann eine Übersetzung sämtlicher Verträge bekommen, wenn Ihr Rechtsanwalt der deutschen Sprache mächtig ist und Ihnen eine Zusammenfassung des Inhaltes gibt. Eine Zusammenfassung ist gut. Aber eine vollständige Kenntnis des Vertragstextes ist besser. So wie Sie in Deutschland keine Immobilienkaufverträge unterschreiben sollten, die Sie nicht verstehen und nicht vollständig gelesen haben, so sollten Sie das auch in den USA nicht tun. So abgedroschen es auch klingen mag. Dieser Rat ist eminent wichtig und Sie sollten ihn nicht in den Wind schlagen. Es kostet natürlich ein wenig Zeit und Mühe, die Verträge vollständig zu lesen und sich den Inhalt erforderlichenfalls genau erklären zu lassen. Diese Zeit ist jedoch sehr gut investiert und kann Sie in der Zukunft vor schlaflosen Nächten und Ärger ohne Ende bewahren.

5. Hausverwalter („Property Manager")

Eine professionelle Hausverwaltung („property manager") kann für die erfolgreiche Vermietung und Bewirtschaftung einer Ferienimmobilie in den USA sehr hilfreich sein. Denn die Vermietung auf Tages- und Wochenbasis an Touristen ist natürlich deutlich aufwendiger als die langfristige Vermietung zu Wohnzwecken auf der Grundlage eines unbefristeten Mietvertrages. Wenn Sie die Ferienimmobilie ausschließlich zur Vermietung an Touristen erwerben wollen und nicht nur für eine gelegentliche Vermietung zur Senkung der Kosten der Eigennutzung, dann ist die Einschaltung einer professionellen Hausverwaltung alternativlos. Das gilt insbesondere bei Ferienimmobilien in den USA wenn Sie Ihren Hauptwohnsitz in Deutschland haben.

Für die touristische Vermietung solcher Immobilien benötigen Sie in jedem Fall einen Verwalter vor Ort, der die Einweisung der Touristen (Schlüsselübergabe, Protokollierung der Übergabe, Prüfung des Inventars etc.) sowie die Reinigung und die Bewachung vor Ort übernimmt bzw. organisiert. Insbesondere muss sichergestellt sein, dass geprüft wird, dass die Touristen nichts beschädigt haben. Auch für die Zeit von Leerstand muss regelmäßig nach dem Rechten geschaut werden.

Selbstverständlich ist ein solcher Service teurer als die „normale" Hausverwaltung einer langfristig vermieteten Immobilie, weil der Aufwand ungleich größer ist. Sie müssen daher einkalkulieren, dass die Bewirtschaftungskosten deutlich höher sind. Daher kann auch bei hoher Auslastung und hohen Übernachtungspreisen unter dem Strich eine geringere Rendite herauskommen als Sie erwarten. Denn die laufenden Kosten sind enorm. Sie müssen mit 15 – 20 % der Bruttomieteinnahmen rechnen.

Bevor Sie einen Vertrag mit einer Hausverwaltung schließen, sollten Sie sich gründlich informieren und mehrere Angebote einholen. Wichtig ist auch, Erfahrungswerte von anderen Eigentümern abzufragen, die bereits mit einer Hausverwaltung zusammenarbeiten. Da die Verwalterverträge in der Regel Festlaufzeiten von einem Jahr und mehr vorsehen, können Sie die Verwaltung nicht über Nacht austauschen. Es ist daher gut investierte Zeit, sich vor dem Abschluss eines Vertrages gründlich umzuhören und von den Bewerbern Referenzen zu verlangen.

In der Regel sehen die Verwalterverträge vor, dass der Verwalter auch eine Geldempfangsvollmacht erhält. Das ist durchaus sinnvoll, weil Sie sonst selbst nachhalten müssten, ob und wann die Mieter gezahlt haben. Um die damit verbundenen Risiken (insbesondere Insolvenzrisiko des Verwalters oder Veruntreuung von Geldern) zu reduzieren, sollten Sie darauf bestehen, dass nicht nur einmal im Jahr abgerechnet wird, sondern unterjährig die Überschüsse an Sie ausgekehrt werden. Ideal ist eine quartalsweise Abrechnung. Mindestens aber sollte alle 6 Monate abgerechnet werden.

Der Verwaltervertrag sollte auch vorsehen, dass die Abrechnung detaillierte Informationen enthält und eine Prüfung der erzielten Einkünfte und der Ausgaben ermöglicht. Durch engmaschige Beleg- und Nachweispflichten können Sie den Spielraum für Manipulation eingrenzen. Ein Recht zur Einsichtnahme in die Buchungsunterlagen und Belege sollte selbstverständlich sein. Wenn ein Hausverwalter das ablehnt, sollten Sie hellhörig werden.

Eine zentrale Frage ist der Berechnungsmodus für die Vergütung des Verwalters. Vorteilhaft ist die Vereinbarung einer Pauschale in Höhe eines Prozentsatzes der tatsächlich erzielten Mieteinnahmen, mit dem dann alles abgegolten ist. Eine solche Regelung hat den Vorteil, dass der Verwalter motiviert ist, eine möglichst hohe Auslastungsquote zu erreichen. Manche Verträge sehen vor, dass eine Vergütung unabhängig von erzielten Mieteinnahmen geschuldet ist. Das ist problematisch, weil Sie so auch dann mit Kosten belastet werden, wenn tatsächlich keine Einnahmen erzielt werden.

Wenn Sie eine Hausverwaltung einschalten, müssen Sie entscheiden, ob Sie einen Rundumservice wählen, der auch die Anfertigung von Steuererklärungen und die Abführung von Steuern beinhaltet. Wenn Sie das nicht tun, werden Sie mit diesen Arbeiten selbst belastet. Das kann sehr lästig und zeitaufwändig werden. In Florida müssen Sie beispielsweise monatlich Erklärungen der Umsatzsteuer[5] auf die Mieteinnahmen beim Finanzamt einreichen und die Steuern zahlen. Diese Aufgaben sollten sinnvollerweise vom Hausverwalter für Sie mit erledigt werden.

---

[5] Ich verweise dazu auf die Ausführungen weiter unten in Abschnitt C. IV. 5.

IV. KLASSISCHE UND INNOVATIVE EINKAUFSQUELLEN

Beginnen wir mit einer Betrachtung, welche Quellen für den Ferienimmobilieneinkauf es in den USA gibt und welche Vor- und Nachteile diese haben.

1. Internetportale

Als erstes denkt natürlich jeder an das Internet und die bekannten Immobilienportale. Allen voran der Marktführer Immobilienscout24.[6] Dann gibt es da noch das Portal Immowelt[7] und diverse kleinere Portale. Auf beiden Portalen finden Sie auch Ferienimmobilien in den USA.[8] Darüber hinaus gibt es natürlich diverse amerkikanische Internetseiten mit Immobilienangeboten.[9] Erwähnen möchte ich eine Seite, die ausschließlich Angebote von Eigentümern listet, die in

---

[6] www.immobilienscout24.de

[7] www.immowelt.de

[8] Ich verweise dazu auf die folgende Internetseiten:
https://www.immobilienscout24.de/auslandimmobilien/amerika/usa.html und
https://www.immowelt.de/ausland/usa/immobilien

[9] Z.B. https://www.trulia.com

jedem Fall ohne Maklerprovision gekauft werden können.[10]

Wenn Sie beginnen, auf diesen Portalen zu stöbern, werden Sie nach einiger Zeit feststellen, dass dort viele Ladenhüter eingestellt sind, die in den Trefferlisten immer wieder auftauchen. Wenn Sie diese Ladenhüter einmal gesichtet haben, ist es für Sie jedoch eher lästig, immer wieder auf diese zu stoßen. Daher empfehle ich Ihnen, ein Suchprofil bei diesen Portalen anzulegen und eine automatisierte Emailbenachrichtigung zu aktivieren, wenn neue Angebote eingestellt werden. Das spart viel Zeit, weil Sie dann nicht mehr mit Adleraugen endlose Trefferlisten nach neuen Angeboten durchsuchen müssen. Außerdem ist so sichergestellt, dass Sie sofort nach Einstellung eines Angebotes auf dem Portal per Email auf dieses aufmerksam gemacht werden. Das ist ein nicht zu unterschätzender Vorteil. Denn bei den derzeit sehr angespannten Märken mit einem starken Überhang der Nachfrage über das Angebot werden potentielle Verkäufer von Immobilien relativ schnell mit Anfragen von Kaufinteressenten geradezu bombardiert. Das führt bei den Verkäufern dazu, dass diese nur den ersten Anfragen echte Aufmerksamkeit widmen und nach einiger Zeit die „Rollläden herunterlassen" und weitere Anfragen ignorieren.

---

[10] Die Seite finden Sie unter dem folgenden Link: http://www.buyowner.com/

2. Immobilienmakler ("Real Estate Broker")

Beim Durchstöbern der Immobilienportale im Internet werden Sie relativ schnell auf Angebote von Immobilienmaklern stoßen. Möglicherweise werden Sie dabei auch den Eindruck gewinnen, dass Sie im Zielmarkt an Immobilienmaklern gar nicht vorbeikommen. Vor diesem Hintergrund möchte ich Sie auch über die rechtlichen Hintergründe und Zusammenhänge informieren, damit Sie wissen worauf es beim Kontakt mit Maklern ankommt.

Immobilienmakler benötigen für die Berufsausübung in den meisten Bundesstaaten eine Lizenz. In Florida z.B. ist eine Lizenz von der Florida Real Estate Comission (FREC) erforderlich. Sie sollten darauf achten, nur mit solchen Maklern Kontakt aufzunehmen, die eine entsprechende Linzenz haben. Das ist zwar keine Gewähr für Seriösität, reduziert aber zumindest das Risiko, dass Sie an einen unseriösen und inkompetenten Vertreter der Zunft geraten.

Darüber hinaus gibt es noch einen Maklerverband, der USA-weit Mitglieder hat und für die Aufnahme eine Prüfung verlangt: National Association of Realtors (NAR). Wenn der Makler sich als Realtor bezeichnet, dann deutet das darauf hin, dass er Mitglied in diesem Verband ist. Da Sie sich bei diesem Verband über den Makler beschweren können, bietet die Mitgliedschaft für Sie eine höhere Wahrscheinlichkeit (keine absolute Sicherheit!), dass der Makler sich korrekt verhält.

Es gibt auch einige Makler in Deutschland, die sich (angeblich) auf die Vermittlung von Ferienimmobilien in den USA spezialisiert haben. Wenn diese deutschen Makler über keine Lizenz im entsprechenden Bundesstaat verfügen, können Sie Ihnen jedoch nicht wirklich die volle Vermittlungsleistung bieten, sondern nur einen Kontakt zu einem Immobilienmakler in den USA herstellen, den Sie allerdings auch selbst aufnehmen können. Unter dem Strich dürfte die Einschaltung von Maklern in Deutschland daher nicht viel bringen und die Maklerkosten nur massiv in die Höhe treiben. Denn Sie laufen Gefahr, auch vom deutschen Makler nach deutschem Recht auf die Zahlung einer Provision in Anspruch genommen zu werden und damit unter dem Strich zwei Maklerprovisionen zu zahlen. Das kann schnell mehrere Tausend Euro Zusatzkosten ohne irgendeinen Mehrwert verursachen.

Wenn das Angebot ausdrücklich ohne eine Maklerprovision für den Käufer ist, dann spricht natürlich nichts dagegen, über einen Makler in Deutschland den Kontakt aufzunehmen. Lassen Sie sich jedoch in diesem Fall unbedingt schriftlich bestätigen, dass die Inanspruchnahme der Maklerleistungen für Sie in Deutschland **und** in den USA für Sie kostenfrei ist.

Ähnlich wie in Deutschland, ist auch nach dem Maklerrecht in den USA nicht ausgeschlossen, dass ein Makler für beide Seiten tätig wird und von beiden Seiten eine Provision kassiert. Nach dem Recht vieler Bundesstaaten ist der Makler jedoch verpflichtet, eine solche Doppeltätigkeit unaufgefordert offenzulegen. Sie sollten in jedem Fall darüber informiert sein, ob der Makler auch für den Verkäufer tätig wird, um Interessenkonflikte erkennen zu können. Fragen Sie den Makler, um sicher zu gehen, dass Sie wirklich ins Bild gesetzt werden. Denn nicht alle Makler halten sich daran, den Käufer unaufgefordert über eine Maklertätigkeit für beide Seiten zu informieren.

Der Makler hat auch in den USA erst dann eine Maklerprovision verdient, wenn ein Kaufvertrag wirksam zustande gekommen ist, es sei denn es ist etwas anderes vereinbart. Ich rate dringend davon ab, eine Vergütung des Maklers auch für den Fall zu vereinbaren, dass kein wirksamer Kaufvertrag zustande kommt. Die Maklerprovision beträgt 5 bis 7% des Kaufpreises. Wenn sowohl auf Verkäuferseite als auch auf Käuferseite ein Makler tätig wird, dann teilen sich diese in der Regel die traditionell vom Verkäufer zu zahlende Provision. In vielen Bundesstaaten (z.B. Florida) haben Sie gute Karten, als Käufer eine vollständige Freistellung von der Maklerprovision mit dem Verkäufer zu verhandeln. Häufig wird eine solche Freistellung bereits im Angebot des Maklers des Verkäufers angegeben. Bestehen Sie darauf, dass diese Freistellung schriftlich dokumentiert wird. Sonst laufen Sie Gefahr, dass im Laufe der Verhandlungen an diesem Punkt gerüttelt wird wenn sich abzeichnet, dass Sie ernsthaft an der der Immobilie interessiert sind. Zahlen Sie niemals einen Vorschuss auf die Maklerprovision. Das ist absolut unüblich und sehr nachteilig für Sie als Käufer. Wenn ein Makler das vorschlägt, ist das ein starkes Indiz dafür, dass er unseriös ist.

Genau wie in Deutschland besteht das Risiko einer doppelten Verpflichtung zur Zahlung einer Maklerprovision, wenn Sie für ein und dieselbe Immobilie Leistungen von mehreren Maklern in Anspruch nehmen. Das kann durchaus passieren. Denn in den USA ist es keine Seltenheit, dass ein Verkäufer mehrere Makler mit dem Verkauf einer Immobilie beauftragt. Ein Makler-Alleinauftrag ist in den USA die absolute Ausnahme. Sie sollten daher für sich dokumentieren, mit welchem Makler Sie als erstes Gespräche geführt und Besichtigungstermine vereinbart haben und bei diesem Makler bleiben. Alternativ können Sie mit sämtlichen Maklern bereits beim Erstkontakt vereinbaren und schriftlich dokumentieren, dass Sie als Käufer in jedem Fall keine Maklerprovision schulden. Es besteht jedoch das Risiko, dass diese Vorgehensweise für den Verkäufer Probleme verursacht und ihn der Gefahr einer mehrfachen Provisionszahlungspflicht aussetzt. Daher ist es vorzugswürdig, sich die Immobilie nur von einem Makler vermitteln und zeigen zu lassen.

Der Immobilienmakler hat dann Anspruch auf eine Maklerprovision, wenn der Kaufvertrag durch seinen Nachweis oder durch seine Vermittlung wirksam zustande kommt. Da ein Kaufvertrag über Immobilien in Deutschland der notariellen Beurkundung bedarf, kann der Provisionsanspruch des Maklers hier erst mit notarieller Beurkundung des Kaufvertrages entstehen. In den USA ist jedoch auch ein privatschriftlicher Kaufvertrag wirksam. Daher kann dort bereits zu einem früheren Zeitpunkt ein Anspruch des Maklers auf eine Provision entstehen.

Nicht selten drängen Makler darauf, den Provisionsanspruch in den Kaufvertrag aufzunehmen. Davon ist jedoch abzuraten, da das spätere Einwendungen gegen die Wirksamkeit des Provisionsanspruches abschneidet. Dafür besteht auch keine Notwendigkeit, weil der Provisionsanspruch des Maklers im Maklervertrag geregelt ist. Daher sollten Sie einen solchen Vorschlag des Maklers mit diesen Argumenten ablehnen.

Wenn Sie feststellen, dass Sie bei der Objektsuche nicht um einen Makler herumkommen, dann können Sie aus der Not eine Tugend machen und den Makler gezielt einschalten, um diesen mit der Suche nach einem bestimmten Objekt zu beauftragen. Der Vorteil dabei ist, dass Sie die Konditionen des Maklervertrages von Anfang an verhandeln und beeinflussen können und dem Makler darüber hinaus genaue Kriterien an die Hand geben können, damit dieser Ihnen gezielt die passenden Angebote anträgt. Eine solche Vorgehensweise kann auch dazu führen, dass der Makler Sie bei Eingang eines passenden Angebotes vorab kontaktiert und Sie somit früher als andere Immobilieninteressenten das Angebot prüfen können. Da Sie den Makler nur im Erfolgsfall bezahlen müssen (es sei denn, der Vertrag sieht etwas anderes vor), kostet Sie die Einschaltung von

Maklern mit einem Suchauftrag auch so lange nichts, wie der Makler Ihnen kein geeignetes Objekt nachweist und Sie keinen Kaufvertrag abschließen.

Die große Kunst beim gelungenen Immobilienerwerb besteht auch in dem richtigen Timing, d.h. zur richtigen Zeit am richtigen Ort zu sein, um gezielt zugreifen zu können. Gute Angebote sprechen sich natürlich schnell herum und dann sind Sie nicht der einzige Interessent, so dass der Preis von mehreren Interessenten in die Höhe getrieben werden kann oder das Objekt bereits verkauft ist, wenn Sie erstmals davon erfahren. In diesem Zusammenhang kann es auch einen taktischen Vorteil bringen, einen Makler mit einem Vermittlungsauftrag einzuschalten, um den entscheidenden zeitlichen Vorsprung zu gewinnen.

Hierbei ist auch wichtig, dass Sie mit den richtigen Immobilienmaklern in Kontakt kommen. Ein schlecht verdrahteter Makler mit wenigen Immobilien im Vermittlungsbestand wird natürlich eher die Tendenz entwickeln, Ihnen die wenigen verfügbaren Immobilien schön zu reden als ein Makler, der ein breit gefächertes Angebot hat. Hier können Sie durch ein bestimmtes Auftreten und durch die Mitteilung eines möglichst exakten Suchprofils dem Makler helfen, Sie zum richtigen Objekt zu führen.

Gleichzeitig können Sie durch die Reaktion des Maklers auf die Mitteilung Ihres Suchprofils interessante Rückschlüsse ziehen, die eine Einschätzung ermöglichen, ob der Makler der richtige Partner ist, der Sie zu dem gewünschten Objekt führen kann. Wenn der Makler merkt, dass Sie genaue Vorstellungen haben und davon nicht abrücken, wird ein schlecht verdrahteter Makler das Interesse verlieren, weil er erkennt, dass er Ihnen die gewünschte Immobilie nicht vermitteln kann und daher nur seine und Ihre Zeit vergeudet. Ein entsprechend gut verdrahteter Makler wird daraufhin nur gezielt Angebote heraussuchen, die Ihren Vorstellungen möglichst nahe kommen.

Daher ist es sehr wichtig, vor der Einschaltung eines Maklers zunächst selbst Klarheit zu gewinnen über das eigene Suchprofil. Das immunisiert Sie gegen unsachliche Einflüsterungen, die Sie vom Weg abbringen könnten und ermöglicht Ihnen darüber hinaus, die notwendige Bestimmtheit an den Tag zu legen, um den Makler gezielt steuern zu können, damit er Sie möglichst ohne Umwege zu einem passenden Objekt führt.

3. Suchanzeigen

Suchanzeigen können ein durchaus innovatives Instrument sein, um eine Gelegenheit zum Kauf von Ferienimmobilien zu erschließen. Allerdings muss die Wirksamkeit in einem überhitzen Markt mit einem starken Überhang der Nachfrage über das Angebot bezweifelt werden. Ein Verkäufer wird bei einer solchen Marktlage in aller Regel nicht darauf verzichten, seine Immobilie auf den Marktplätzen der großen Internetportale anzubieten, um von der großen

Nachfrage zu profitieren und einen möglichst hohen Preis zu erzielen. In einem Käufermarkt mit umgekehrten Vorzeichen wären Suchanzeigen durchaus ein viel versprechendes Instrument.

Eine Einschränkung wäre allenfalls für weniger gefragte Regionen zu machen. Allerdings stellt sich bei solchen Standorten die grundsätzliche Frage, ob diese überhaupt in Frage kommen. Denn das birgt natürlich auch das Risiko eines Wertverfalls.

4. Netzwerken

Das Netzwerken ist nach meiner Auffassung eine gute Möglichkeit, an gute Angebote für Ferienimmobilien heranzukommen. Damit meine ich den Aufbau und die Pflege von privaten und beruflichen Kontakten. Das schließt sowohl das Netzwerken im klassischen Umfeld als auch das Netzwerken im Internet ein.

Im Internet gibt es diese Möglichkeit z.B. über Google+ oder Facebook. Dort gibt es Communities, die zu bestimmten Themen und Interessensgebieten gegründet wurden. Sicherlich haben Sie einige Hobbies und private Interessen, die Sie ohnehin pflegen möchten. So können Sie das angenehme mit dem Nützlichen verbinden. Darüber hinaus gibt es auf diesen Plattformen auch Communities zu professionellen Themen, die Sie zum Aufbau von professionellen Netzwerken nutzen können.

Sie könnten z.B. bewusst Kontakt zu US-amerikanischen Communities und Clubs in Deutschland suchen. Häufig schließen sich Expatriates zusammenen, die von US-amerikansichen Unternehmen zu Tochtergesellschaften nach Deutschland entsandt worden sind. Es ist nicht nur interessant, mit solchen Leuten Kontakt zu pflegen. Es kann Ihnen auch eine günstige Gelegenheit zum Kauf einer Ferienimmobilie in den USA verschaffen.

Wenn Sie etwas nachdenken in diese Richtung und sich selbst keine Denkverbote auferlegen, werden auch Ihnen intelligente Anknüpfungspunkte einfallen für innovatives Netzwerken zur Erschließung von günstigen Gelegenheiten zum Kauf von Ferienimmobilien in den USA.

V. Neubauimmobilien vom Bauträger

Sowohl in Deutschland als auch in den USA werden in Urlaubsorten häufig auch Neubauimmobilien angeboten, die noch nicht errichtet sind. Das können Apartments in einer Großstadt oder an der Küste sein oder freistehende Ferienhäuser oder Doppelhaushälften in neu entwickelten Arealen mit einheitlicher Bebauung. Bei solchen Angeboten rate ich zu besonderer Vorsicht. Denn es stecken sehr viele Unbekannte in der Gleichung.

Es ist in der Vergangenheit mehr als einmal vorgekommen, dass solche Projektentwicklungen niemals fertiggestellt worden sind. Sie können noch heute solche Bauruinen sehen, wenn Sie sich beispielsweise in den USA ein wenig umschauen. Wenn Sie eine Immobilie in einer solchen Anlage gekauft haben, müssen Sie mit einem Totalausfall des eingesetzten Geldes rechnen. Denn wenn die Siedlung nie in Betrieb genommen wird, ist auch ein Anschluss des Grundstückes an die Wasser- und Stromversorgung sowie an die Kanalisation nicht mehr zu erwarten. Denn die Straßen sowie Ver- und Entsorgungsleitungen innerhalb einer solchen Siedlung sind in der Regel **nicht** öffentlich. Für die Erschließung ist daher keine Gemeinde zuständig.

Aber auch außerhalb einer solchen Siedlung ist der Erwerb einer noch zu bauenden Immobilie vom Bauträger in den USA ein Wagnis. Es fängt schon damit an, dass die standardisierten Verträge mit den Immobilienkäufern häufig sehr zum Nachteil der Verbraucher konstruiert sind und dem Bauträger praktisch freie Hand lassen bei der Bauqualität und bei der Ausstattung der Immobilien.

Schließlich trägt der Käufer das Risiko, dass die Baubeschreibung mit den Ausstattungsmerkmalen nicht hinreichend präzise ist und es daher später zum Streit über die Qualität der verwendeten oder zu verwendenden Baumaterialien kommt. Diese Streitigkeiten können vermieden werden, wenn penibel auf eine unmissverständliche, lückenlose und vollständige Baubeschreibung geachtet wird.

Die Erfahrung zeigt, dass in Bau- und Rechtsfragen unerfahrene Käufer kaum in der Lage sind, abschließend zu beurteilen, ob ein vom Bauträger vorgelegter Textentwurf hinreichend präzise ist oder nicht. Das führt im Ergebnis leider häufig zu Streitigkeiten darüber, ob eine gewünschte Ausstattung (z.B. Natursteinfußböden statt Fliesen) von der konkreten Baubeschreibung erfasst ist oder nur gegen Aufpreis gewählt werden kann. Bauträger sind sehr versiert darin, durch schwammige Formulierungen in Baubeschreibungen diverse Möglichkeiten anzulegen, den Preis später zu erhöhen für einzelne Ausstattungsmerkmale. In der Summe können sich dadurch erhebliche Preissteigerungen ergeben. Sie können sich vorstellen, dass es in einer fremden Sprache und einer für Sie unbekannten Rechtskultur noch viel schwieriger ist, Untiefen zu erkennen und diese sicher zu umschiffen.

Hinzu kommt, dass bei großen Wohnungseigentumskomplexen oder Ferienhaussiedlungen (sogenannen

„condominium properties") Erfahrungswerte fehlen, wie sich die Atmosphäre dort entwickeln wird. Es kommt durchaus vor, dass diese in den Werbeprospekten der Bauträger noch recht gefällig wirken. Nach der Realisierung kann sich jedoch herausstellen, dass aufgrund einer zu dichten Bebauung „Ghettoatmosphäre" aufkommt und die Immobilien daher am Ende des Tages am Markt deutlich weniger Wertschätzung erfahren als prognostiziert. Das kann in Kombination mit einer bestimmten Mieter- oder Eigentümerstruktur in solchen Komplexen eine Abwärtsspirale in Gang setzen, die ein nicht zu unterschätzendes Risiko darstellt.

Mitunter sehen Bauträgerverträge hohe Anzahlungen vor Baubeginn und weitere Zahlungen unabhängig vom Baufortschritt vor. Solche Regelungen sollten Sie auf keinen Fall akzeptieren. Sie können sich an der Makler- und Bauträgerverordnung in Deutschland orientieren, die entsprechende Staffelungen der Zahlungen zwingend vorschreibt.[11] Übrigens sieht die Makler- und Bauträgerverordnung auch vor, dass Zahlungen vom Käufer grundsätzlich nur dann verlangt werden können, wenn eine Baugenehmigung und darüber hinaus die Teilungserklärung vorliegt. Auch das ist eine sinnvolle Absicherung des Käufers, auf die Sie nicht verzichten sollten.

---

[11] Ich verweise dazu auf § 3 der Makler- und Bauträgerverordnung – MaBV. Sie finden diese im Internet unter dem folgenden Kurzlink: https://goo.gl/z45EJ5

Weisen Sie Ihren in den USA eingeschalteten Rechtsanwalt darauf hin, dass Sie das Schutzniveau der Makler-
und Bauträgerverordnung in den Verträgen nicht unter-
schreiten wollen. Es handelt dabei nicht um nebensächli-
che „nice to have" – Punkte, sondern wirklich um
kriegswichtige Aspekte. In diesem Punkt sollten Sie hart
bleiben.

Last but not least rate ich Ihnen, keinen Bauträgervertrag zu unterschreiben, der keine Verpflichtung des
Bauträgers zur Zahlung einer angemessenen Vertragsstrafe bei Terminüberschreitungen vorsieht. Ohne eine
merkliche Sanktionierung von schuldhaften Bauzeitver-
zögerungen sind sämtliche Terminangaben (auch wenn
sie im Vertrag stehen) Schall und Rauch. Der Bauträger
wird nur dann zur fristgerechten Fertigstellung der Immobilien motiviert sein, wenn er eine Vertragsstrafe zahlen muss bei Terminüberschreitung. Von diesen Erfah-
rungswerten gibt es so gut wie keine Ausnahmen.

C. WEITERFÜHRENDE ÜBERLEGUNGEN

Deutsche Kaufinteressenten profitieren davon, dass die Preise für Immobilien in den USA seit Ausbruch der Finanzkrise gefallen sind. Die Preise sind zwar mittlerweile fast wieder auf das Vorkrisenniveau angestiegen. Es gibt aber in den USA (anders als in Deutschland) immer noch ein umfangreiches Angebot und keine Anzeichen für eine Überhitzung des Immobilienmarktes.[12] Der Zeitpunkt für die Realisierung Ihres Traums von einer Ferienimmobilie in den USA ist daher durchaus gut.

Wenn Sie das Darlehen zum Kauf der Immobilie bei einer Bank in Deutschland aufnehmen (vorausgesetzt, Sie haben eine entsprechende Immobilie in Deutschland als Sicherheit anzubieten), dann können Sie zudem von den niedrigeren Darlehenszinsen in Deutschland profitieren. Ich werde Ihnen weiter unten zeigen, dass die Zinsen für Immobiliendarlehen in Deutschland ca. 1,5 % niedriger als den USA sind.[13]

---

[12] Ich verweise dazu auf einen Artikel im Manager Magazin vom 24.05.2017, den Sie unter dem folgenden Kurzlink im Internet abrufen können: https://goo.gl/9F33Ym

[13] Zur Vermeidung von Wiederholungen verweise ich auf die Ausführungen weiter unten in Abschnitt C. III. 1. https://goo.gl/9F33Ym

In Deutschland wird zu Recht darüber geklagt, dass der Immobilienmarkt überhitzt ist. Das hat sicherlich auch mit der äußerst bedenklichen Währungspolitik der Europäischen Zentralbank zu tun, die den Euroraum ohne absehbares Ende ungebremst mit Geld flutet. Viele Menschen fangen an zu begreifen, dass billiges Geld und niedrige Darlehenszinsen nicht nur gut sind für Immobilienkäufer. Die Geldflut im Euro-Raum verleitet zusehends breitere Kreise der Bevölkerung in Deutschland dazu, Immobilien überteuert einzukaufen. Das ist leider ein Umstand, der die Entstehung einer Immobilienblase massiv anheizt. Auch unter diesem Aspekt erscheint der Zeitpunkt für eine Fokussierung auf andere Märkte gut zu sein.

Dabei sind klassische Ferienregionen der USA sicherlich keine schlechte Standortwahl. Sie bieten ein hohes Maß an Rechtssicherheit und stabile Rahmenbedingungen für eine rentable und sichere Kapitalanlage in eine Immobilie. Das gilt jedenfalls dann, wenn Sie als Käufer grundlegende Ratschläge beherzigen und typische Fehler vermeiden.

Schließlich können Investitionen in US-amerikanische Ferienimmobilien für in Deutschland ansässige Investoren attraktive Steuervorteile generieren. Denn das Doppelbesteuerungsabkommen zwischen den USA und Deutschland sieht das Freistellungsverfahren für die Einkünfte aus Vermietung und Verpachtung vor. Damit können Investoren, die in Deutschland in einer hohen Progressionsstufe mit ihrem Einkommen liegen, von niedrigen Eingangssteuersätzen in den USA profitieren. Darüber hinaus profitieren Sie davon, dass Werbungskosten (Darlehenszinsen, Grundsteuern, Instandhaltungskosten etc.) in den USA in aller Regel auch bei einer gemischten Nutzung (Vermietung und Eigennutzung) ohne Einschränkungen von der Einkommensteuer abgesetzt werden können.[14]

---

[14] Ich verweise dazu auf die detaillierten Erklärungen weiter unten im Abschnitt C. IV. 3.

I. Welcher Kaufpreis ist angemessen?

Ungeachtet der Frage, ob Sie die Ferienimmobilie in erster Linie für die Eigennutzung oder für die Vermietung anschaffen, haben Sie in jedem Fall ein Interesse daran, keinen überhöhten Kaufpreis zu zahlen. Dazu müssen Sie den Marktwert und damit den angemessenen Kaufpreises einer Ferienimmobilie ermitteln.

Es gibt einige Faustformeln, die eine grobe Orientierung geben können: Nehmen wir als Beispiel den Staat Florida. Eine Grundregel ist, dass Grundstücke umso teurer sind je näher sie an der Küste oder an einem Binnengewässer liegen. Je weiter südlich ein Grundstück in Florida liegt, desto teurer ist es im Allgemeinen. Key West gehört demnach zu den teuersten Gegenden in Florida. Der Norden ist deutlich preiswerter. Die Grenze zwischen dem Norden und Süden Floridas verläuft etwa auf der Höhe von Tampa, Orlanda und Vero Beach. Hier ist auch eine klimatische Grenze. Die Winter sind nur südlich dieser Grenze angenehm warm. Im Norden wird es im Winter empfindlich kühl. Insofern sind die geringeren Grundstückspreise im Norden auch damit zu erklären.

Die Südostküste Floridas gehört traditionell zu den teuersten Gegenden (Miami und Miami Beach, Fort Lauderdale, Boca Raton, Palm Beach). An der Golfküste gehören Naples und Umgebung zu den teuersten Gegenden. Weiter nördlich (Fort Myers, Cape Coral, Sarasota) wird es preiswerter.

1. Datenquellen mit Vergleichswerten

In Deutschland werden für jede Stadt Durchschnittswerte für Grundstückspreise von den Gutachterausschüssen der Kommunen ermittelt.[15] Die Rede ist von den Bodenrichtwerten und Marktrichtwerten, die größtenteils kostenlos über das Internet abgerufen werden können und mindestens alle zwei Jahre und teilweise auch jährlich aktualisiert werden.[16] Teilweise sind die Bodenrichtwerte noch weiter heruntergebrochen auf einzelne Stadtteile. Das ist insbesondere in größeren Städten der Fall.

Die gute Nachricht ist, dass Daten mit einer ähnlichen und sogar teilweise sogar größeren Detailschärfe auch in den USA zur Verfügung stehen. Ich verweise zum Beispiel auf die Internetseite www.trulia.com. Dort können Sie den Namen eines Ortes in den USA eingeben und erhalten dann auf einer Landkarte die Kaufpreise angezeigt, die dort in der jüngeren Vergangenheit für konkrete Immobilien gezahlt worden sind. Sie können sogar durch Anklicken der einzelnen Preisschilder die exakte Adresse und weitere Daten über die Immobilie abrufen. Für viele

---

[15] Eine detaillierte Erklärung zur Ermittlung des angemessenes Kaufpreises für eine Wohnimmobilie in Deutschland finden Sie in meinem Buch mit dem Titel „Immobilienfinanzierung für Eigennutzer – Ratgeber für Kauf, Bau & Kredit". Sie finden das Buch bei Amazon unter dem folgenden Kurzlink: http://amzn.to/2tCIoAc

[16] Ich verweise dazu auf die folgende Internetseite: http://www.gutachterausschuesse-online.de/

Immobilien sind sogar Fotos verfügbar. Der nachfolgende Screenshot zeigt Ihnen exemplarisch für den Großraum Miami in Florida, wie die Daten angezeigt werden.

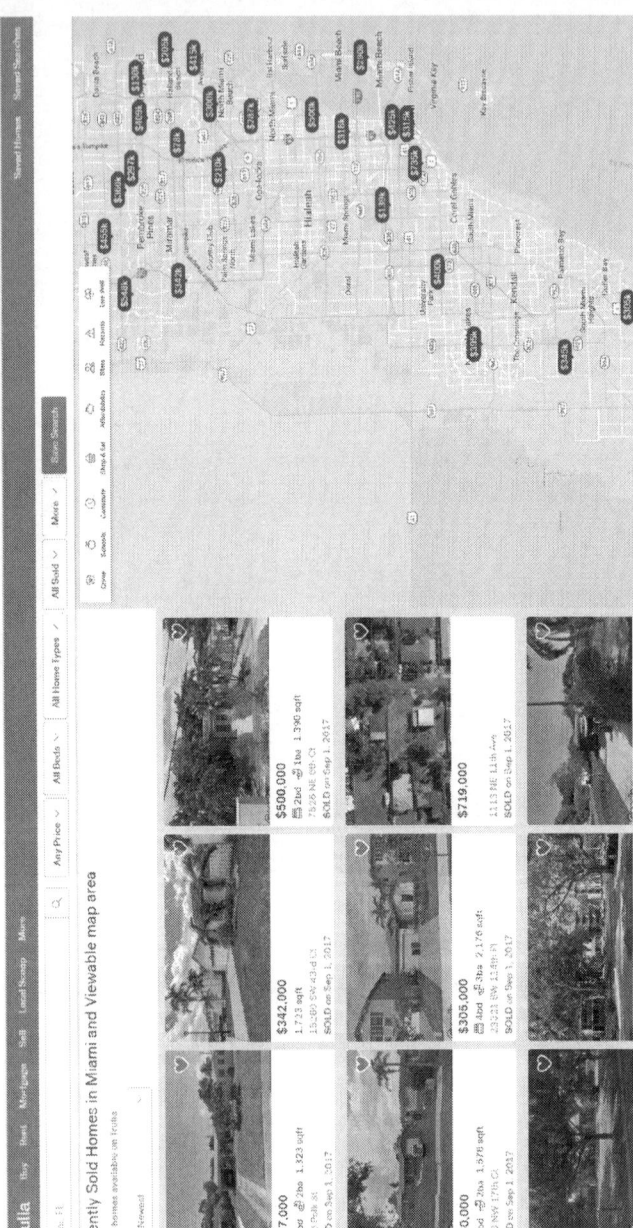

Mit solchen Daten können Sie sich ein relativ gutes und aktuelles Bild vom Preisniveau in einer ganz bestimmten Region machen.

Eine weitere nützliche Seite ist www.zillow.com. Auf dieser Seite können Sie auch eine computergenerierte Wertindikation für eine konkrete Immobilie erstellen lassen. Diese ersetzt natürlich kein professionelles Wertgutachten, gibt aber eine erste Orientierung und kann als Ausgangspunkt für weitere Überlegungen durchaus hilfreich sein kann.

Sie werden sich nun fragen, woher all diese Daten stammen und wie es möglich ist, dass jedermann darauf zugreifen kann. Das hängt damit zusammen, dass beim Verkauf einer Immobilie in den USA eine Kopie der Urkunde zur Übertragung des Eigentums („deed of sale") in einem öffentlichen Register archiviert wird. Dieses beim County Registry Office geführte Register kann von jedermann eingesehen werden.[17] Da in der „deed of sale" auch der Kaufpreis erwähnt wird, kann praktisch jedermann diese Zahlen in Erfahrung bringen. Die oben aufgelisteten Internetseiten greifen auf diese Daten zurück und kombinieren sie mit Informationen aus Datenbanken von Immobilienportalen. Das führt im Ergebnis zu einer sehr großen Transparenz des Immobilienmarktes in den USA. Sie sollten diese Daten auf jeden Fall nutzen.

---

[17] Ich verweise dazu auf die Ausführungen weiter unten im Abschnitt C. II. 6.

Wenn Sie den Einkaufspreis des Verkäufers kennen, dann ist das natürlich auch eine interessante Information. Es muss aber nicht bedeuten, dass der vom Verkäufer gezahlte Preis ein realistischer Marktpreis war. Es ist nicht mehr und nicht weniger als ein Indiz. Diese Information kann aber an der Verhandlungsfront hilfreich sein, weil sie eine Einschätzung darüber zulässt, ob der Verkäufer mit Gewinn oder Verlust verkauft. Das kann Rückschlüsse auf die „Schmerzgrenzen" des Verkäufers zulassen.

Bei genauerem Hinsehen gibt es noch das praktische Problem der Vergleichbarkeit von Immobilien. Es ist natürlich schön, wenn Sie wissen, dass ein ähnliches Haus fünf Straßenblocks entfernt vor drei Monaten für US-$ 350.000 verkauft wurde. Das heißt aber noch nicht, dass die konkrete Zielimmobilie auch US-$ 350.000 wert ist. Denn wenige Hundert Meter Abstand auf der Landkarte können einen großen Unterschied beim Wert ausmachen. Darüber hinaus spielen weitere Umstände wie Grundstücksgröße, Bauweise, Bauqualität, Ausstattung, Alter und Erhaltungszustand der Immobilie eine Rolle. Auch die nähere Umgebung und die Anbindung an den öffentlichen Nahverkehr[18] sind relevant. Schließlich sind Lichtverhältnisse und Sichtachsen und die Beschaffenheit des Geländes wichtig. Wie Sie sehen, läuft es bei der Heran-

---

[18] Entgegen anders lautender Gerüchte in Deutschland gibt es in den USA tatsächlich in vielen Städten und Regionen einen recht gut ausgebauten öffentlichen Nahverkehr.

ziehung von Kaufpreisen für ähnliche Immobilien in der Nähe immer darauf hinaus, dass man Äpfel mit Birnen vergleichen muss. Daher ist Vorsicht geboten bei der Ableitung von Schlussfolgerungen aus gezahlten Kaufpreisen für Immobilien in der Umgebung.

Sie sollten in Erwägung ziehen, vor dem Kauf einer Immobilie ein Wertgutachten (appraisal) einzuholen. Das schützt davor, dass Sie mit dem verhandelten Kaufpreis völlig aus dem Rahmen fallen und einen total überhöhten Preis bezahlen, der sich beim Weiterverkauf unter keinen Umständen mehr erzielen lässt. Wenn Sie den Kaufpreis über eine US-amerikanische Bank finanzieren, werden Sie um ein Wertgutachten ohnehin nicht herumkommen. Denn in den USA machen Banken die Einholung eines Wertgutachtens nahezu flächendeckend zur Bedingung für die Herauslegung eines Immobiliendarlehens. Sie sollten jedoch auch für den Fall einer Finanzierung über eine Bank in Deutschland oder durch Eigenkapital ernsthaft über die Einholung eines Wertgutachtens nachdenken. Die Kosten sind mit US-$ 500 – 1.000 überschaubar und eine zweite Meinung eines Fachmanns schützt Sie davor, dass Sie einen überhöhten Preis bezahlen.

2. Näherung über das Ertragswertverfahren

Es gibt noch eine weitere Möglichkeit, sich eine über-
schlägige Meinung zum angemessenen Kaufpreis für eine
Ferienimmobilie in den USA zu bilden: Mit der Methodik
des Ertragswertverfahrens können Sie aus der erzielbaren
Miete für eine Ferienimmobilie überschlägig einen angemessen Kaufpreis errechnen. Wenn Sie die jährlich
nachhaltig erzielbare Jahresnettomiete durch die Anschaffungskosten teilen, ergibt sich daraus die jährliche
Mietrendite in %. Die Rendite einer Immobilie sagt etwas
über den Ertrag aus, den die Immobilie pro Jahr abwirft.

$$\frac{\text{Jahresnettomiete}}{\text{Anschaffungskosten}} = \text{Rendite}$$

Wenn man die Anschaffungskosten ins Verhältnis zu
der Jahresnettomiete setzt, dann ergibt sich daraus als
Kehrwert der Rendite der so genannte Vervielfältiger o-
der Multiplikator.

$$\frac{\text{Anschaffungskosten}}{\text{Jahresnettomiete}} = \text{Vervielfältiger}$$

Dieser Wert gibt an, wie viele Jahre es dauert, bis Sie
als das eingesetzte Kapital für die Anschaffung über

Mieteinnahmen wieder erwirtschaften könnten. Bei einem Vervielfältiger von 14 würde es (vereinfacht ausgedrückt) also 14 Jahre dauern, bis die Anschaffungskosten über Mieteinnahmen wieder hereingeholt sind. Die folgende Tabelle weist beispielhaft die Werte der Renditen für bestimmte Vervielfältiger aus:

Vervielfältiger	Rendite
25	4%
20	5%
16,7	6%
14,3	7%
12,5	8%
11,1	9%
10	10%
9,1	11%
8,3	12%

Aus den Zahlen dieser Tabelle wird sofort ersichtlich, dass die Rendite bei einem hohen Vervielfältiger sinkt und bei einem niedrigen Vervielfältiger steigt. Diese Zahlen sagen damit Folgendes aus: Bei guten Immobilien in guten Lagen ist die Rendite wegen des geringeren Risikos von Leerstand niedriger während sie bei schlechten Immobilien in schlechten Lagen wegen des höheren Risikos von Leerstand höher ausfällt. Bei Immobilien gelten mithin die gleichen Regeln wie für Kapitalanlagen im Allgemeinen: Eine hohe Rendite indiziert ein hohes Risiko und eine niedrige Rendite indiziert ein niedriges Risiko.

Insgesamt können Sie als Faustformel zugrunde legen, dass eine Rendite von 5% bzw. ein Vervielfältiger von 20 im Normalfall einen fairen Kaufpreis für eine durchschnittliche Immobilie darstellt. Weist die Immobilie eine überdurchschnittlich gute Lage oder Ausstattung auf, kann auch ein höherer Vervielfältiger gerechtfertigt sein.

Ausgangspunkt der Ermittlung der Jahresnettomiete sind die erzielbaren Übernachtungspreise für eine Vermietung an Touristen. Diese können Sie aus Buchungsportalen im Internet (z.B. Trivago oder FeWo AirBnB oder Housetrip)[19] ableiten indem Sie schauen, was für ver-

---

[19] Ich verweise dazu beispielsweise auf die folgenden Internetseiten: https://www.airbnb.de, https://www.trivago.de/, https://www.fewo-direkt.de/ und
https://www.housetrip.com/search-rentals/united-states/179187

gleichbare Ferienwohnungen (vergleichbar im Hinblick auf Lage und Ausstattung) verlangt wird.

Aus dem Übernachtungspreis allein können Sie noch keine „Jahresnettomiete" ableiten. Sie müssen darüber hinaus möglichst realistische Annahmen treffen für die erzielbare Auslastungsquote, d.h. wie viele Übernachtungen Sie pro Jahr abrechnen können. Diese Informationen sind im Vorfeld deutlich schwieriger zu beschaffen als erzielbare Übernachtungspreise. Denn Sie können diese Zahlen nicht direkt aus Buchungsportalen ableiten. Dort können Sie allenfalls aus eingestellten Online-Kalendern mit ausgebuchten Zeitfenstern Rückschlüsse auf die Auslastungsquote ziehen.

Schließlich müssen Sie von der erzielbaren Miete die **Betriebskosten** abziehen. Diese setzen sich anders zusammen als bei einer „normalen" Vermietung einer Wohnung mit einem unbefristeten Mietvertrag. Zu den Betriebskosten einer Ferienimmobilie gehören sämtliche Nebenkosten, die Sie bei einem „normalen" Mietvertrag auf den Mieter abwälzen könnten. Für die Berechnung der Jahresnettomiete müssen Sie daher sämtliche Nebenkosten (Gas, Wasser, Strom, Abwassergebühren, Müllabfuhrgebühren, Grundsteuern, Versicherung etc.) von den erzielbaren Einnahmen aus der Vermietung an Touristen abziehen. Das ergibt dann die Jahresnettomiete als wichtige Rechengröße zur Ermittlung der Rendite und des Vervielfältigers und damit im Ergebnis zur Ableitung eines angemessenen Kaufpreises.

Sie mögen nun einwenden, dass Sie das alles nicht interessiert, weil Sie nur eine Ferienimmobilie für die Eigennutzung erwerben wollen und gar nicht an einer Vermietung interessiert sind. Diese Überlegungen sind jedoch gleichwohl hilfreich, weil sie so besser beurteilen können, ob der vom Verkäufer geforderte Kaufpreis angemessen oder überzogen ist. Außerdem können Sie nicht ausschließen, dass Sie die Ferienimmobilie später vermieten oder verkaufen wollen oder müssen. Auch deshalb sind Überlegungen zum angemessenen Ertragswert sinnvoll.

3. Kaufnebenkosten, Instandhaltungskosten & Verwaltungskosten

In den vorhergehenden Abschnitten habe ich Überlegungen zum angemessenen Kaufpreis angestellt und ohne weitere Erklärungen den Begriff der **Anschaffungskosten** verwendet. Das müssen wir noch weiter vertiefen. Denn der Kaufpreis allein reicht nicht aus, um eine Immobilie anzuschaffen. Darüber hinaus müssen die sogenannten Kaufnebenkosten berücksichtigt werden.

Die Kaufnebenkosten machen auch in den USA insgesamt einen nicht zu unterschätzenden Kostenblock aus, wie die nachstehende Übersicht ausweist:

Position	% - Satz des Kaufpreises bzw. Betrag	Wer zahlt?
Title search & title insurance[20]	0,50 – 1,00 %	Käufer
Recording Fee[21]	0,20 – 0,50 %	Käufer
Legal Fee	0,50 – 1,00 % 0,50 – 1,00 %	Käufer Verkäufer
Real Property Transfer Tax[22]	0,00 – 4,00 %	Verkäufer
Appraisal[23]	500 – 1.000 $	Käufer
House Inspection	500 – 2.000 $	Käufer
Maklerprovision	5,00 – 7,00 %	Verkäufer
Kosten & Fees für Mortgage	ca. 3 %	Käufer

---

[20] Ich verweise auf die detaillierten Erklärungen dieser Position weiter unten in Abschnitt C. II. 5.

[21] Ich verweise auf die detaillierten Erklärungen dieser Position weiter unten in Abschnitt C. II. 6.

[22] Diese Steuer ist in jedem Bundesstaat anders. Darüber hinaus werden teilweise noch Steuern auf County - Ebene und auf Ebene einer Kommune erhoben. Eine Übersicht der Steuersätze finden Sie im Internet unter dem folgenden Kurzlink: https://goo.gl/t63hGI

[23] Häufig machen Banken die Erstellung eines Appraisal (Wertgutachten) zur Bedingung für die Herauslegung einer Darlehensfinanzierung.

In der Summe müssen Sie mit Kaufnebenkosten in Höhe von ca. 6 bis 9 % des Kaufpreises rechnen. Diese Kosten liegen zwar unterhalb der in Deutschland üblichen Kaufnebenkosten, sind aber gleichwohl ein nicht zu unterschätzender Kostenblock, der durch Eigenkapital finanziert werden sollte. Sie müssen daher bei der Berechnung des verfügbaren Eigenkapitals diesen Kostenblock unbedingt berücksichtigen.

Wenn Sie die Immobilie in einem renovierungsbedürftigen Zustand kaufen, dann müssen Sie natürlich noch weitere Kosten berücksichtigen. Üblicherweise wird eine Renovierung unmittelbar nach dem Kauf und vor dem Einzug durchgeführt. Diese Kosten sollten daher als Bestandteil der Gesamtfinanzierung für die Anschaffung berücksichtigt werden. Wenn Sie die Immobilie vor dem Kauf von einem Bausachverständigen (House Inspector) untersuchen lassen, können Sie bei dieser Gelegenheit auch die Renovierungskosten überschlägig ermitteln lassen, um den Finanzbedarf dafür besser abschätzen zu können.

4. Verhandeln lohnt sich!

Diese Grundregel hat weltweit Gültigkeit beim Kauf einer Immobilie. Sie gilt selbstverständlich auch in den USA. Es wäre ein Fehler, die Preisvorstellung des Verkäufers bzw. des Maklers des Verkäufers widerspruchslos zu akzeptieren. Denn selten werden Immobilien zu dem Preis verkauft, der im Exposé des Maklers angegeben ist oder vom Verkäufer zu Beginn der Verhandlungen aufgerufen wird. Daher ist es ein Gebot der Vernunft, den geforderten Kaufpreis noch ein Stückchen nach unten zu verhandeln.

Als Faustformel können Sie annehmen, dass die Kaufpreisvorstellungen des Verkäufers zu Beginn der Verhandlungen mindestens 10% höher angegeben werden als die tatsächliche Preisvorstellung und Schmerzgrenze. Lassen Sie sich auch nicht verwirren von Angaben des Verkäufers oder seines Maklers, dass es sich um einen „Festpreis" handelt. Es gehört zum Ritual, dies zu Beginn der Verhandlungen zu behaupten. Gleichwohl wäre es ein Fehler, den Verkäufer in den Gesprächen plump auf diese Annahme hinzuweisen und ohne weitere Begründung einen Preisnachlass von 10% zu verlangen.

In den Verhandlungen geht es natürlich auch um Rituale und darum, dass der Verkäufer ernst genommen werden möchte. Wenn Sie ihm ins Gesicht sagen, dass er einen uralten Taschenspielertrick verwendet und zur Abkürzung von zähen und langwierigen Gesprächen einfach sofort 10% Preisnachlass gewähren soll, dann wird er sich vor den Kopf gestoßen fühlen und es besteht ein hohes Risiko, dass er die Verhandlungen abbricht bevor sie begonnen haben.

Daher spielt ein kluger Käufer das Spiel der Verhandlungsrituale brav mit und bekommt nach Ablauf der üblichen Phasen und Gespräche mindestens 10% Preisnachlass. Zu dem Ritual gehört auch, dass der Käufer plausible Argumente für den geforderten Preisnachlass vorbringt und diese möglichst überzeugend ausleuchtet. Wenn Ihr Bausachverständiger bzw. „House Inspector" die Immobilie in Augenschein genommen und eine Liste mit erforderlichen Instandsetzungsmaßnahmen erstellt und die Kosten dafür aufgelistet hat, können Sie damit in den Verhandlungen natürlich sehr gut argumentieren.

Darüber hinaus können Sie auch mit Durschnittzahlen argumentieren. Ich hatte Ihnen oben eine Internetseite vorgestellt, mit der Sie durchschnittliche Kaufpreise für Immobilien ermitteln können.[24] Sie sollten darauf vorbereitet sein, dass der Verkäufer behauptet, dass die Mikrolage und der bauliche Zustand der Immobilie überdurchschnittlich gut sind. Auch dazu sollten Sie sich zum Zeitpunkt der Kaufpreisverhandlungen bereits ein Bild gemacht haben und daher präpariert sein, diesem Einwand des Verkäufers überzeugend zu begegnen. Dazu sollten Sie bereits vor den eigentlichen Verhandlungen Überlegungen anstellen, warum die Preise der Vergleichsimmobilien aus der Umgebung, die Sie über das Internet recherchiert haben (z.B. über die Seite www.trulia.com), nicht nach oben zu korrigieren sind bei der Übertragung auf Ihre konkrete Zielimmobilie.

Wenn Sie besonders günstig einkaufen wollen, gehen Sie einen Schritt weiter und suchen plausible und möglichst überzeugende Argumente, dass der durchschnittliche Wert aufgrund der Besonderheiten der Mikrolage

---

[24] Ich verweise dazu auf Ausführungen weiter oben im Abschnitt C. I. 1.

und des baulichen Zustandes des Gebäudes nach unten zu korrigieren ist. Hierbei müssen Sie behutsam vorgehen. Die Argumente dürfen nicht „an den Haaren herbeigezogen" wirken und müssen zumindest plausibel sein. Sie müssen unbedingt den Eindruck vermeiden, dass Sie den Verkäufer nicht ernst nehmen und ihm die Immobilie unter Wert abluchsen wollen. Sonst besteht ein hohes Risiko, dass sich die Kaufpreisvorstellungen des Verkäufers verhärten oder dass er gar ärgerlich wird und die Verhandlungen abbricht.

Verhandlungsgeschick ist eine hohe Kunst, die man am besten durch viel Übung und Erfahrung lernt. Darüber hinaus ist eine optimale Vorbereitung auf die Verhandlungen eine wichtige Erfolgszutat für gute Verhandlungsergebnisse. Dazu gehört insbesondere, dass Sie die oben aufgezeigten Datenquellen auswerten und vorab Überlegungen zum angemessenen Kaufpreis anstellen. Wenn Sie Ihre Hausaufgaben insoweit gut erledigt haben, dann können Sie in den Verhandlungen souverän auftreten und argumentieren. Das eröffnet die besten Chancen, mit guten Ergebnissen aus den Verhandlungen herauszukommen.

Wenn Sie es mit einem sehr geschickten Verkäufer zu tun haben, dann verhandelt dieser nicht selbst, sondern lässt durch einen Immobilienmakler verhandeln. Dabei haben Sie den verhandlungstaktischen Nachteil, dass Sie keinen direkten Eindruck von dem Verkäufer bekommen und auch keine Schlussfolgerungen aus den Reaktionen Ihre Argumente und Kaufpreisvorstellungen ableiten können. Mimik und Körpersprache können in Verhandlungen sehr aussagekräftige Informationsquellen sein. Diese Informationsquelle ist Ihnen in einer solchen Situation versperrt. Sie müssen hingegen einkalkulieren, dass der Makler Ihre Reaktionen und auch Ihre Körpersprache in den Verhandlungen sehr genau beobachtet und analysiert und dem Verkäufer davon berichtet.

Sie können versuchen, den Verkäufer in die Kaufpreisverhandlungen einzubinden und vorschlagen, die Gespräche zu Dritt zu führen. Sie müssen aber damit rechnen, dass der Makler einen solchen Vorschlag (natürlich auf Anweisung des Verkäufers) ablehnt und z.B. darauf verweist, dass der Verkäufer ein vielbeschäftigter Mann mit wenig Zeit ist. Sie sollten sich in einem solchen Fall in den Gesprächen mit dem Makler möglichst bedeckt halten und nicht zu viele Informationen preisgeben über Ihre Schmerzgrenzen und Ihr Interesse an der Immobilie.

Mitunter gibt es einige Besonderheiten, die einen verhandlungstaktischen Vorteil bringen können: In Florida ist es zum Beispiel ein Vorteil, eine Immobilie im Sommer zu kaufen, weil der Markt dann weniger von Leuten bevölkert wird, die hier überwintern und sich den Rest Jahres woanders aufhalten (sogenannte ‚Snowbirds‘). Sie sollten daher im Sommer eine bessere Verhandlungsposition als Käufer haben als im Winter.

II. Rechtliche
Rahmenbedingungen

Wie eingangs erwähnt, müssen Sie sich mit der Rechtslage für Immobilien in den USA auseinandersetzen. Sie dürfen nicht unterstellen, dass dort alles genau so geregelt ist wie in Deutschland. Als Erwerber und Eigentümer einer Immobilie in den USA sind Sie US-amerikanischem Recht unterworfen. Das ist zwingend und kann nicht durch vertragliche Regelungen ausgehebelt werden. Ich möchte Sie daher in den folgenden Abschnitten mit grundlegenden Informationen versorgen, wie der Erwerb einer Immobilie in den USA rechtlich geregelt ist und wie dieser in der Praxis abläuft.

1. Federal Law und State Law

Anders als in Deutschland, gibt es in den USA kein einheitliches Immobilienrecht, das für alle Bundesstaaten gleich wäre. Jeder Bundesstaat hat sein eigenes Zivilrecht. Sie können sich daher nicht mit der Rechtslage in allen Bundesstaaten gleichzeitig beschäftigen. Sie müssen vielmehr einen bestimmten Bundesstaat in den Blick nehmen, um gezielt die rechtlichen Rahmenbedingungen und den Immobilienmarkt zu analysieren. Die gute Nachricht ist, dass die Regelungen des immobilienrelevanten Rechtes in den meisten Bundesstaaten inhaltlich gleich gestaltet sind. Daher lassen sich allgemeingültige Aussagen treffen, die für alle Bundesstaaten gleichermaßen gelten.

Bei einigen Rechtsgebieten gibt es bundeseinheitliche Regelungen („Federal Law"), die für alle Staaten gelten. Das ist z.B. beim Ausländerrecht der Fall und teilweise beim Steuerrecht.

Beim Einkommensteuerrecht gibt es eine Zweiteilung. Es gibt eine Einkommensteuer auf Bundesebene („Federal Income Tax") und eine Einkommensteuer auf Ebene des Bundesstaates („State Income Tax").[25] Die Summe aus beiden ergibt die Einkommensteuerlast. Insgesamt 7 Bundesstaaten verzichten sogar vollständig auf die Erhebung von Einkommensteuern, so dass in diesen Staaten nur die Federal Income Tax zu bezahlen ist: Alaska, Florida, Nevada, South Dakota, Texas, Washington und Wyoming.[26]

---

[25] Weitere Details und Hintergrundinformationen zum Einkommensteuersystem in den USA finden Sie auf der folgenden Internetseite: https://goo.gl/Px8AdN

[26] Ich verweise dazu auf die folgenden Internetseite: https://goo.gl/17nmLk

2. Visa-Anforderungen und Visa-Typen

Beim Erwerb einer Ferienimmobilie in den USA stellen sich natürlich auch aufenthaltsrechtliche Fragen:

- Ist die Möglichkeit zum Immobilienerwerb an einen langfristigen Aufenthaltstitel für die USA gebunden?
- Wie lange dürfen Sie sich als deutscher Staatsbürger maximal in den USA aufhalten und welches Visum benötigen Sie?

Auf die erste Frage kann man eine klare Antwort geben: Sie können unabhängig von einem Aufenthaltstitel so viele Immobilien in den USA kaufen wie Sie möchten. Sie haben jedoch das praktische Problem, dass Sie diese nicht unbeschränkt selbst nutzen können, wenn Sie nicht zur Einreise und zum Aufenthalt in den USA für auskömmliche Zeiträume berechtigt sind. Deshalb müssen Sie sich Gedanken machen, welchen Typ Visum Sie für eine sinnvolle Nutzung der Immobilie benötigen und welche Voraussetzungen Sie zur Erlangung des Visums erfüllen müssen.

All diese Fragen haben innerhalb der Europäischen Union aufgrund der Reisefreiheit und Niederlassungsfreiheit praktisch keine Bedeutung mehr. In den USA ist das jedoch anders. Wenn Sie in die USA auswandern und die Immobilie zu Ihrem Hauptwohnsitz machen wollen, dann wird es rechtlich sehr schwierig. Denn die USA stellen (anders als Deutschland) sehr hohe Anforderungen an die langfristige Niederlassung von Ausländern.

Die gute Nachricht ist jedoch, dass Sie als deutscher Staatsbürger recht gute Karten haben, sich zumindest bis zu 6 Monate pro Jahr in den USA aufhalten zu dürfen, ohne mit unüberwindbaren Hürden konfrontiert zu werden. Das sind also beispielsweise für Ferienimmobilien in Florida oder Südkalifornien zur Überwinterung durchaus erfüllbare Voraussetzungen, die niemanden abschrecken müssen.

Anders als das Immobilienrecht ist das Ausländerrecht und das Einwanderungsrecht in den USA einheitlich für alle Bundesstaten auf Bundesebene geregelt. Es handelt sich um „Federal Law", also Bundesrecht. Es macht folglich keinen Unterschied, ob Sie sich als Ausländer in Florida oder in New York oder in Kalifornien aufhalten wollen. Es kommen immer die gleichen Gesetze und Regelungen zur Anwendung.

Deutsche Staatsbürger dürfen sich in den USA grundsätzlich bis zu 90 Tage ohne ein Visum aufhalten. Vor der Einreise ist lediglich eine Registrierung erforderlich, die über das Internet erfolgt (ESTA). ESTA steht für „Electronic System for Travel Authorization" (= Elektronisches System zur Reisegenehmigung). Dabei handelt es sich jedoch nicht um einen Antrag auf ein Visum, sondern lediglich um eine verpflichtende Online - Registrierung, die den US-Behörden mehr Zeit gibt, Einreisende zu überprüfen. Nehmen Sie diese Anforderung ernst und kümmern Sie sich rechtzeitig vor der Einreise darum. Die US-Behörden werden Sie am Flughafen ohne Bedenken zurückschicken wenn Sie versäumt haben, sich vorher zu registrieren. US-amerikanische Behörden nehmen ihre Pflichten sehr ernst.

Wenn Sie eine Immobilie in den USA für die Eigennutzung kaufen wollen, dann werden Sie wahrscheinlich mehr als 90 Tage pro Jahr dort verbringen wollen. Etwas anderes gilt natürlich bei reinen Renditeimmobilien, die ausschließlich für die Vermietung angeschafft werden. Aber auch in einem solchen Fall ist ja nicht ausgeschlossen, dass Sie diese in Zukunft auch selbst nutzen wollen. Daher stellt sich in aller Regel die Frage, welche Voraussetzungen erfüllt werden müssen, um für einen längeren Zeitraum als 90 Tage pro Jahr in die USA reisen zu können.

Grundsätzlich wird in den USA zwischen Immigrant-Visa und Nonimmigrant-Visa unterschieden. Ein Immigrant-Visum berechtigt, den Hauptwohnsitz in den USA zu nehmen und dort zu leben und zu arbeiten. Es ist zudem die Voraussetzung, um nach weiteren 5 Jahren die US-amerikanische Staatsbürgerschaft zu erwerben. Die Voraussetzungen für die Erteilung eines Immigrant-Visums sind sehr hoch und nur schwer zu erfüllen.

Nonimmigrant-Visa berechtigen zum zeitweisen und befristeten Aufenthalt in den USA. Je nach Ausgestaltung des Visums ist die mehrfache Einreise („multi entry") und unter Umständen die Aufnahme einer Beschäftigung (selbständige oder unselbständige Arbeit) gestattet. Eine Übersicht über sämtliche Visa-Typen in den USA finden

Sie auf der Seite des U.S. Department of State (Bureau of Consular Affairs).[27]

Für einen temporären Aufenthalt in Ihrer Ferienimmobilie in den USA für bis zu 6 Monate pro Jahr ohne die Absicht der Aufnahme einer Arbeit wäre für Sie der Nonimmigrant-Visa-Typ B-2 der richtige. Für die Beantragung müssen Sie ein Online-Formular ausfüllen (DS-160), welches zur Bearbeitung und Entscheidung der zuständigen U.S. Botschaft oder dem zuständigen U.S. Konsulat zugeleitet wird.[28] Das B-2-Visum erlaubt in der Regel einen Aufenthalt von bis zu 6 Monaten pro Jahr. Es kann als single entry oder multi entry - Visum ausgestaltet sein. Die Aufnahme einer Arbeit in den USA ist mit diesem Visum grundsätzlich nicht erlaubt.

Bitte beachten Sie, dass ein B-2-Visum per Definition nicht zum unbefristeten Aufenthalt in den USA berechtigt. Es impliziert vielmehr, dass Sie die USA wieder verlassen und sich nur auf Zeit dort aufhalten. Es setzt voraus, dass Sie Ihren Hauptwohnsitz in einem anderen Staat haben. Wenn Sie z.B. Eigentümer eines Eigenheims in Deutschland sind und hier Ihren Hauptwohnsitz haben, dann erleichtert das die Erteilung eines B-2-Visums deutlich. Denn die US - Behörden prüfen bei der Entscheidung, wie hoch das Risiko ist, dass Sie sich illegal

---

[27] Die Internetseite finden Sie unter dem folgenden Kurzlink: https://goo.gl/c1t3P3

[28] Die Internetseite mit dem Online-Formular DS-160 finden Sie unter dem folgenden Kurzlink: https://goo.gl/9Z7b

und längerfristig in den USA aufhalten wollen. Der Umstand von Immobilieneigentum in Deutschland als Heimatstaat ist ein positives Entscheidungskriterium der U.S. – Behörden. Denn das indiziert, dass Sie woanders zu Hause sind und damit ein niedriges Risiko besteht, dass Sie sich langfristig in die USA absetzen wollen.

Bitte bedenken Sie, dass Sie für die Wahl eines dauerhaften Altersruhesitzes in den USA ein Immigrant-Visum benötigen. Ein B-2-Visum sind nicht ausreichend. Ein Immigrant-Visum ist an hohe Anforderungen geknüpft und nicht einfach zu bekommen. Der Umstand, dass Sie genug Geld haben, um eine Immobilie in den USA zu kaufen und von Ihrer Rente gut zu leben, reicht **nicht** aus, um sich für einen dauerhaften Aufenthaltstitel zu qualifizieren. Sie müssten darüber hinaus zusätzliche Anforderungen erfüllen (z.B. erhebliche Investitionen und Schaffung von Arbeitsplätzen für US - Amerikaner).

Der Vollständigkeit halber sei erwähnt, dass der Erwerb eines US-Amerikanischen Unternehmens oder die Gründung eines Unternehmens in den USA unter Einbringung einer beachtlichen Investition (US-$ 1 Millionen oder mehr) mit der Aussicht auf Entstehung von Arbeitsplätzen für US - Amerikaner die Möglichkeit eröffnet, ein E-2-Visum zu beantragen. Ein solches Visum erlaubt einen ganzjährigen Aufenthalt in den USA und beliebig viele Ein- und Ausreisen. Die Erteilung eines solchen Visums ist jedoch an den Betrieb des erworbenen oder gegründeten Unternehmens gekoppelt. Das heißt, dass das Visum nicht unbefristet erteilt wird und damit auch kein

Immigrant-Visum sondern ein Nonimmigration Visum darstellt. Wenn das Unternehmen jedoch dauerhaft und stabil prosperiert, dann eröffnet das durchaus die Chance auf einen sehr langfristigen Aufenthalt in den USA.

An dieser Stelle möchte ich erwähnen, dass es ein Gerücht ist, dass allein ein Hochschulabschluss (in Deutschland, in den USA oder wo auch immer erworben) zur Erlangung eines langfristigen Aufenthaltstitels in den USA berechtigt. Das ist vielmehr nur dann der Fall, wenn der Kandidat über herausragende Fähigkeiten verfügt, die für ein amerikanisches Unternehmen essentiell wichtig sind und ein entsprechender Engpass an solchen Kräften in den USA besteht. Auch für solche sogenannten „key employees" (Schlüsselarbeitnehmer) besteht die Möglichkeit, ein E-2 Visum zu erlangen.

3. Der Kaufvertrag

Wie oben bereits erwähnt, sind Sie beim Kauf einer Immobilie in den USA mit amerikanischem Recht konfrontiert. Auch das Eigentumsrecht an einer Immobilie in den USA richtet sich ausschließlich und zwingend nach US-amerikanischem Recht.[29] Das für den Kauf von Immobilien relevante Zivilrecht ist Bundesstaatenrecht. Es ist daher nicht in allen Bundesstaaten identisch ausge-

---

[29] Juristen bezeichnen das als „lex rei sitae". Mit anderen Worten: Es ist die Rechtsordnung des Staates relevant, in dem die Immobilie liegt.

staltet. Es gibt jedoch viele Gemeinsamkeiten und Überschneidungen.

Die Übertragung einer Immobilie nach US-Amerikanischem Recht läuft anders ab als in Deutschland. Es gibt zwei wichtige Meilensteine beim Erwerb einer Immobilie in den USA:

1. Der **erste Meilenstein** ist der Abschluss eines Kaufvertrages („**bill of sale**"). Im Kaufvertrag werden sowohl die Konditionen des Kaufes als auch Bedingungen für den Vollzug des Kaufvertrages (sogenannte „contingencies") und das Verfahren geregelt.

2. Der **zweite Meilenstein** ist das sogenannte **Closing**.[30] Das ist ein Präsenztermin, in dem die Erfüllung sämtlicher Bedingungen des Kaufvertrages von beiden Vertragsparteien festgestellt wird. Darüber hinaus wird der Kaufpreis gezahlt und das Eigentum an der Immobilie wird übertragen mittels eines Dokumentes mit der Bezeichnung „deed of sale".[31]

Zwischen diesen beiden Meilensteinen liegen einige Wochen Zeit (wie lang die Zeitspanne genau ist, wird im

---

[30] Weitere Details zum Thema „Closing" finden Sie weiter unten im Abschnitt 4.

[31] Die Ausfertigung der „deed of sale" markiert in den USA rechtlich den Eigentumsübergang und entspricht der Auflassung und Eintragung des Erwerbers in das Grundbuch nach deutschem Recht.

Kaufvertrag geregelt), die vom Käufer genutzt werden müssen, um alle Bedingungen zu erfüllen für den Vollzug des Kaufvertrages. Dazu gehört neben einer Untersuchung der Immobilie auf Baumängel durch einen vom Käufer beauftragten Sachverständigen („House Inspector") die Beschaffung einer Darlehensfinanzierung. Daher steht ein Kaufvertrag häufig unter der Bedingung, dass der Käufer eine Darlehensfinanzierung erlangt und keine gravierenden Mängel der Immobilie durch den House Inspector festgestellt werden.

Im Termin zur Durchführung des Closing werden dann alle Bedingungen geprüft und abgehakt. Wenn alle Bedingungen erfüllt sind, wird das Eigentum an der Immobilie übertragen durch die Ausfertigung der „deed of sale".

In Deutschland erfolgen diese Schritte vor Unterzeichnung eines Kaufvertrages (z.B. Prüfung der Immobilie durch einen Bausachverständigen) und teilweise danach unter der Regie eines Notars. Der Vollzug des Kaufvertrages unter der Regie des Notars als Treuhänder ist in Deutschland in der Regel nur noch Formsache.

Beim **Abschluss eines Kaufvertrages** („bill of sale") über eine Immobilie in den USA gibt es einen signifikanten Unterschied zum deutschen Recht: Für die Wirksamkeit ist **keine** notarielle Beurkundung erforderlich. Daher sind Sie bereits durch eine privatschriftliche Vereinbarung gebunden, auch wenn diese verharmlosend als Vorvertrag deklariert wird. Das ist eine wirklich gefährliche Falle für unbedarfte Käufer. Mitunter wird die Unwissenheit von deutschen Touristen durch Immobilienmakler oder gerissene Verkäufer ausgenutzt, um diese zu einer voreiligen Unterschrift unter einen privatschriftlichen Vertrag zu überreden.

Sie müssen bereits bei Abschluss des Kaufvertrages darauf achten, dass die im Vertrag definierten Bedingungen (sogenannte „contingencies") sämtlich erfüllt werden können. Wenn Sie in dieser Hinsicht Zweifel haben, ist darauf zu achten, dass die in den USA bei Abschluss des Kaufvertrages übliche Anzahlung in Höhe von 5 - 10% auf den Kaufpreises auf ein Treuhandkonto („escrow account") nicht verfällt, wenn eine Bedingung nicht erfüllt ist.

Wenn Sie eine Darlehensfinanzierung für die Bezahlung des Kaufpreises benötigen, müssen Sie einen entsprechenden Vorbehalt in den Kaufvertrag einbauen, dass dieser nur unter der Bedingung wirksam wird, dass Sie eine entsprechende Zusage einer Bank erhalten. Wenn Sie z.B. eine Finanzierung nur zu sehr schlechten Konditionen von einer Bank angeboten bekommen und diese daher ablehnen wollen, könnten Sie nach dem Vertrag Ihre Anzahlung verlieren. Daher sollten Sie auf eine Präzisierung bestehen, dass bestimmte Konditionen bei der Finanzierung gegeben sein müssen. Wie Sie sehen, ist größte Sorgfalt auf die Formulierung der Bedingungen im Kaufvertrag (sogenannte „contingencies") zu verwenden.

Nach dem Recht diverser Bundesstaaten (u.a. Florida) ist der Verkäufer verpflichtet, den Käufer über sämtliche Mängel der Immobilie zu informieren soweit diese nicht offensichtlich sind. Soweit die Theorie. Allerdings haben Sie als Käufer schlechte Karten, wenn der Verkäufer nach Abschluss des Kaufvertrages bestreitet, Kenntnis von einem Mangel gehabt zu haben. Es dürfte nur im Ausnahmefall gelingen, dem Verkäufer die Kenntnis eines Mangels zum Zeitpunkt des Vertragsabschlusses nachzuweisen.

In den USA ist es daher üblich, den Kaufvertrag unter die Bedingung zu stellen, dass die Untersuchung der Immobilie durch den Sachverständigen des Käufers keine negativen Befunde zutage fördert. Das funktioniert in der Regel so, dass der Käufer nach Unterzeichnung des Kaufvertrages bis zum Closing – Termin Zeit hat, um die Immobilie untersuchen zu lassen. Wenn er die Zeit nicht für eine Untersuchung der Immobilie nutzt, wird der Kaufvertrag ungeachtet etwaiger Mängel definitiv wirksam und bindend. Wenn der Sachverständige gravierende Mängel findet, kann der Käufer vom Kaufvertrag Abstand nehmen. Das Zeitfenster einiger Wochen bis zum Closing – Termin ist dann ausreichend, wenn man als Käufer gut vorbereitet ist und bereits Kontakte zu Sachverständigen aufgebaut hat, die in den Startlöchern stehen. Daher ist es wichtig, dass Sie bereits vor der „heißen Phase" entsprechende Kontakte zu geeigneten Sachverständigen aufgebaut und die Konditionen mit diesen vorbesprochen haben.

Es ist wichtig, dass der Kaufvertrag eindeutig regelt, dass der Käufer im Falle von gravierenden Mängeln der Immobilie ohne Kosten und Strafen Abstand vom Kauf nehmen kann. Insbesondere ist darauf zu achten, dass eine Anzahlung des Käufers in diesem Fall **nicht** verfällt. Es ist außerdem eine faire Regelung, dass der Verkäufer die Kosten des Gutachters zahlt, wenn dieser gravierende Mängel an dem Haus feststellt. Denn der Verkäufer sollte seine Immobilie besser kennen als der Käufer.

Es gibt in den USA beim Abschluss und Vollzug eines Kaufvertrages einige Punkte, die für einen deutschen Käufer erstaunlich sind. Dazu gehört die Gepflogenheit, dass der Käufer beim Abschluss des Kaufvertrages eine Anzahlung von 5 bis 10% des Kaufpreises leistet, die bei einem Treuhänder (in der Regel ist das der Closing Agent) auf einem Treuhandkonto hinterlegt wird. Vor der Unterzeichnung des Kaufvertrages und vor der Zahlung sollten Sie sich genau informieren über die Bedingungen, unter denen diese Anzahlung zurückverlangt werden kann oder verfällt bzw. auf den Kaufpreis angerechnet wird.

Es kommen weitere Aspekte hinzu, die im Kaufvertrag geregelt werden müssen: Es ist sicher zu stellen, dass eine wirksame Baugenehmigung vorliegt, die das errichtete Gebäude abdeckt. Schließlich sind dingliche Belastungen der Immobilie und eine Haftung des Erwerbers für rückständige Steuern oder öffentliche Abgaben zu klären.

Damit Ihre Rechte als Käufer optimal gesichert sind, sollten Sie sich von Ihrem Rechtsberater auch einen Kaufvertragsentwurf erstellen lassen. Die Erfahrung lehrt, dass vom Verkäufer oder von Beratern des Verkäufers erstellte Vertragsentwürfe in der Regel nachteilig für den Käufer sind. Denn sie sind zumeist einseitig zugunsten des Verkäufers und zu Lasten des Käufers konstruiert. In den meisten Bundesstaaten gibt es Musterkaufverträge für Immobilien, die in Zusammenarbeit von Rechtsanwaltskammern (BAR) und Maklerverbänden entwickelt wurden.[32] Es ist sinnvoll, dass der von Ihnen eingeschaltete Berater auf einem solchen Mustertext aufbaut. Wenn der Verkäufer einen hiervon abweichenden Text verwenden will, sollten Sie vorsichtig sein und den alternativen Text durch Ihren Anwalt gründlich prüfen lassen.

Wenn Sie eine Neubauimmobilie kaufen, die vom Bauträger („developer" oder „builder") noch gebaut werden muss, dann kommt kein Kaufvertrag zum Einsatz, sondern ein Bauträgervertrag. Häufig kommen vom Bauträger selbst entwickelte Mustertexte zum Einsatz. Hier ist eine Prüfung Ihres Anwaltes besonders wichtig, weil die Klauseln häufig unausgewogen sind und den Käufer einseitig schlechter stellen.

Besonders wichtig ist, dass Zahlungen des Käufers nur nach Baufortschritt fällig werden dürfen und vor der Fälligkeit irgendwelcher Zahlungen sichergestellt ist, dass eine Baugenehmigung vorliegt. Wichtig ist auch eine präzise Baubeschreibung damit es später nicht zum Streit kommt über die vereinbarte Bauqualität und die Ausstat-

---

[32] Den Mustertext für den Staat Florida finden Sie unter dem folgenden Kurzlink als PDF-Dokument zum Download: https://goo.gl/pxPkdG

tung der Immobilie. In den USA ist es durchaus üblich, dass nicht nur der Bau des Gebäudes vereinbart wird, sondern auch der Einbau von Küchen und Wandschränken. Daher ist eine präzise Beschreibung der Ausstattung besonders wichtig.

4. Closing & Closing Agent

Der Termin für das Closing ist sehr wichtig. Er ist bereits im Kaufvertrag kalendarisch fixiert. Es handelt sich um einen Präsenztermin, in dem die Kaufvertragsparteien sich im Büro eines „Closing Agents" treffen, um den Kaufvertrag zu vollziehen. Häufig ist der Closing Agent ein Rechtsanwalt.[33] Es kommt häufig vor, dass der Closing Agent darüber hinaus ein Mandat für die Title Insurance Company und für die finanzierende Bank wahrnimmt. Die Bank besteht in der Regel auf einer „title insurance", was die Notwendigkeit nach sich zieht, dass der Closing Agent Recherchen zur Rechtsstellung des Ver-

---

[33] In den USA werden juristische Begrifflichkeiten nicht so einheitlich verwendet wie in Deutschland. Es kursieren daher einige Synonyme für das Amt des Closing Agent, die alle das gleiche bedeuten: Escrow Agent, Escrow Officer oder eben Closing Agent. Die Rolle des Closing Agents ähnelt der des Notars in Deutschland, der als Treuhänder den Vollzug eines Kaufvertrages überwacht und steuert.

käufers als Eigentümer entweder selbst durchführt oder beauftragt.[34]

Die Kosten für die Tätigkeit des Closing Agent werden je nach regionaler Gepflogenheit vom Käufer oder vom Verkäufer oder von beiden Vertragsparteien hälftig getragen. Eine entsprechende Regelung sollte im Kaufvertrag enthalten sein.

Eine vollständige Liste mit üblichen Gebühren und Kosten, die im Closing Termin bezahlt werden müssen, können Sie dem sogenannten HUD-1 form entnehmen, dass zur Erfassung aller Zahlungspflichten der Parteien üblicherweise verwendet wird.[35]

Im Closing-Termin wird geprüft und festgestellt, dass alle Voraussetzungen des Kaufvertrages für den Vollzug erfüllt sind. Welche das sind, hängt vom Inhalt des Kaufvertrages ab. Üblich ist die Bedingung, dass ein vom Käufer angeheuerter Sachverständiger (House Inspector) keine gravierenden Mängel der Immobilie festgestellt hat. Darauf besteht häufig schon die finanzierende Bank.

Der Closing-Termin ist die letzte Gelegenheit, etwas zu bemängeln und für sich als Käufer Rechte zu rekla-

---

[34] Wegen der Einzelheiten verweise ich dazu auf die Ausführungen weiter unten im Abschnitt D II. 5.

[35] Das Formular finden Sie Internet zum Download unter dem folgenden Kurzlink: https://goo.gl/KVagHF. Eine Erklärung der einzelnen Felder des Formulars HUD-1 finden Sie unter dem folgenden Kurzlink: https://goo.gl/d6tmGN

mieren. Daher müssen Sie sich gut darauf vorbereiten. In dem Termin wird auch die Zahlung des restlichen Kaufpreises (Differenz nach Verrechnung der Anzahlung) geleistet. Das heißt, dass Sie bis zum Closing-Termin eine definitive Zusage Ihrer Bank zur Finanzierung benötigen, die dann abrufbar sein muss. Wenn Sie den Kaufpreis teilweise oder vollständig mit Eigenkapital finanzieren, muss auch dieses Geld im Termin übergeben bzw. definitiv gezahlt werden. Das erfolgt häufig mit einem bestätigten Bankscheck.

Wenn Käufer, Verkäufer und Closing Agent übereinstimmend das Vorliegen aller Voraussetzungen und Bedingungen feststellen, wird der Kaufpreis gezahlt und der Übergang des Eigentums durch Ausfertigung der „deed of sale" vollzogen. Schließlich werden in dem Termin in der Regel auch die Schlüssel übergeben, so dass der Käufer unmittelbar danach die Immobilie in Besitz nehmen kann. In einigen Bundesstaaten gibt es die Gepflogenheit, dass die Schlüssel erst einige Tage später übergeben werden. In den meisten Staaten werden sie jedoch im Closing-Termin übergeben.

Der Closing Agent spielt eine wichtige Rolle beim Vollzug des Kaufvertrages. Er übernimmt Treuhandfunktionen, die in Deutschland der Notar beim Vollzug eines Kaufvertrages wahrnimmt. Daher müssen sich Käufer und Verkäufer auf die Person des Closing Agent einigen. Er ist zur Neutralität verpflichtet und benötigt klare Anweisungen von beiden Kaufvertragsparteien zum Vollzug des Kaufvertrages. Diese Treuhandauflagen und Anweisungen werden in Deutschland bereits im notariellen Kaufvertrag eingebaut.[36] In den USA hingegen ist das nicht zwingend der Fall. Diese Punkte können auch separat in einem Dreiparteienvertrag mit dem Closing Agent geregelt sein.

5. Fehlendes Grundbuch & „Title Insurance"

In den USA gibt es leider keine Grundbücher wie in Deutschland. Das bedeutet, dass man nicht sicher sein kann, dass man vom Verkäufer wirksam das Eigentum erwerben kann, ohne Recherchen zu betreiben. In Deutschland kann man sich einen solchen Aufwand sparen, weil man von einem im Grundbuch eingetragenen Verkäufer selbst dann wirksam das Eigentum erwirbt, wenn sich später herausstellt, dass dieser tatsächlich gar

---

[36] Üblich ist in Deutschland z.B. die Regelung im Kaufvertrag, dass der Notar den Antrag auf Eintragung des Käufers als neuer Eigentümer erst dann beim Grundbuchamt einreichen darf, wenn die Bezahlung des Kaufpreises vom Verkäufer bestätigt worden ist und vollzugsfähige Löschungsbewilligungen für nicht übernommene Grundschulden vorliegen. Eine detaillierte Erklärung zum Vollzug eines Immobilienkaufvertrages in Deutschland finden Sie in meinem Buch mit dem Titel „**Immobilienfinanzierung für Eigennutzer – Ratgeber für Kauf, Bau & Kredit**". Sie finden das Buch bei Amazon unter dem folgenden Kurzlink: http://amzn.to/2tCIoAc

nicht Eigentümer war.[37] Ein Blick ins Grundbuch genügt, um diesen Punkt in Deutschland abzuhaken und ruhig schlafen in können. In den USA ist das leider nicht so einfach.

In den USA ist es erforderlich, eine lückenlose Kette von Eigentumsübertragungen auf den Verkäufer nachzuvollziehen. Ist die Kette nicht lückenlos wirksam, führt das nach US-amerikanischem Recht dazu, dass der Käufer am Ende des Tages mit leeren Händen dasteht, wenn ein Dritter das Eigentumsrecht für sich reklamiert. Um diese Sicherheitslücke zu schließen, kommen beim Verkauf einer Immobilie die sogenannte Title Insurance Company ins Spiel. Das ist eine Versicherungsgesellschaft, die professionell das Restrisiko prüft, bewertet und versichert, dass der Verkäufer nicht wirksam das Eigentum auf den Käufer übertragen konnte.

Die Title Insurance Company wird dabei in der Regel von der finanzierenden Bank eingeschaltet, die eine Grundschuld („mortgage") auf der Immobilie eintragen lässt, um das Darlehen abzusichern. Denn wenn der Eigentumserwerb nicht wirksam erfolgt, würde das auch der „mortgage" die Grundlage entziehen. Daher sichert sich die Bank durch den Abschluss einer Versicherung („title insurance") ab. Aber auch für den Käufer kann eine „title insurance" sinnvoll sein. Durch die Versicherungspolice für die Bank ist der Käufer noch nicht abgesichert. Er benötigt eine eigene Versicherungspolice, wenn er

---

[37] Das ist in § 892 Bürgerliches Gesetzbuch (BGB) geregelt.

ebenfalls für wirtschaftliche Schäden abgesichert sein will.

Die „title insurance" bewirkt jedoch nicht, dass ein unwirksamer Eigentumsübergang durch die Versicherung wirksam gemacht wird. Sie sichert nur gegen wirtschaftliche Schäden ab, wenn sich später herausstellt, dass das Eigentum nicht wirksam erworben wurde, weil ein Dritter Rechte geltend macht und das Eigentum für sich reklamiert. Damit leistet die „title insurance" unter dem Strich weniger als der Schutz des gutgläubigen Erwerbers nach dem Bürgerlichen Gesetzbuch in Deutschland. Denn in Deutschland wird der gutgläubige Erwerber auch dann Eigentümer der Immobilie, wenn der im Grundbuch eingetragene Verkäufer gar nicht Eigentümer war (sogenannter Erwerb vom Nichtberechtigten).

Die Versicherung sollte auch die Kosten abdecken, die für die Verteidigung in einem Rechtsstreit anfallen. Wie generell bei Versicherungsprodukten, muss man die Versicherungsbedingungen genau lesen, um sich ein Bild davon zu machen, für welche Fälle der Versicherungsschutz greift und welche Ausnahmen formuliert sind. Versicherungsgesellschaften sind nicht nur in Deutschland Spitze, wenn es um die geschickte Formulierung von Ausnahmen vom Versicherungsschutz geht. Das ist leider auch in den USA ein verbreitetes Phänomen.

6. County Registry Office

Wie oben bereits erwähnt, gibt es in den USA keine mit öffentlichem Glauben ausgestatteten Grundbücher wie in Deutschland. Es gibt stattdessen County Registry Offices, bei denen die Urkunde mit der Eigentumsübertragung („deed of sale") registriert und in Kopie hinterlegt wird. Das hört sich so an, als könnte es sich dabei um Grundbuchämter handeln. Tatsächlich ist es jedoch nicht so. Es handelt sich vielmehr um zentrale Archive für einen County, in dem Kopien der Urkunden zur Übertragung von Eigentum an Immobilien gesammelt werden. Diese werden nicht nur archiviert, sondern für Recherchezwecke jedem Interessierten zugänglich gemacht. So ist es möglich, sich ein Bild davon zu verschaffen, ob der Verkäufer tatsächlich eine lückenlose Kette von Eigentumsübertragungen vorweisen kann, die ihn als gegenwärtigen Eigentümer ausweist.

Die Registrierung der „deed of sale" (= Urkunde zur Übertragung des Eigentums) beim County Registry Office ist sinnvoll. Denn sie erleichtert die Recherche zur Verifizierung der Berechtigung des Verkäufers. Wenn Sie später selbst als Verkäufer auftreten und die Immobilie auf einen neuen Käufer übertragen wollen, dann ist es leichter für Sie, den neuen Käufer von Ihrer Eigentümerstellung zu überzeugen, wenn Sie die „deed of sale" ebenfalls beim County Registry Office hinterlegt haben. Außerdem erschwert die Registrierung einen betrügerischen weiteren Verkauf der Immobilie. Denn durch die Registrierung würde ein weiterer Käufer sofort merken, dass etwas nicht stimmt. Es ist also durchaus in Ihrem Interesse, die Registrierung beim County Registry Office zeitnah durchzuführen. Üblicherweise ist diese Aufgabe in den Verträgen mit dem Closing Agent auf diesen übertragen, der das dann für Sie als Käufer erledigt.

7. Das US-amerikanische Modell der Eigentumswohnung

Möglicherweise haben Sie bereits eine Eigentumswohnung in Deutschland gekauft und kennen daher die Grundlagen des deutschen Konzeptes. In den USA ist das Wohnungseigentumsrecht ähnlich ausgestaltet. Ein Grundstück mit einem Gebäude mit Eigentumswohnungen wird in den USA als „condominium property" (Kurzform „condo") bezeichnet.

Ähnlich wie in Deutschland dient das US-amerikanische Recht zu „condominium properties" dazu, eine Kombination aus Gemeinschaftseigentum an einem Grundstück und Gebäude mit Sondereigentum an bestimmten Räumen eines Gebäudes zu ermöglichen. Das ist das grundlegende Konzept beider Rechtsordnungen. Der Anteil der Eigentumswohnung am Gemeinschaftseigentum wird mit einem Prozentsatz ausgedrückt. Der Prozentsatz bestimmt den Anteil an den Kosten der Erhaltung des Gemeinschaftseigentums sowie das Stimmgewicht des Eigentümers bei Abstimmungen in der Eigentümerversammlung.

Aus deutscher Sicht erstaunlich ist, dass „condominium properties" in den USA häufig noch zahlreiche Gemeinschaftseinrichtungen (Pool, Sportanlagen, ein Clubhaus etc.) umfassen und darüber hinaus oft noch ein größeres Grundstück mit eigenen Straßen und Wegen. Häufig sind solche Anlagen in den USA für eine bestimmte Käuferschicht konstruiert wie z.B. Rentner.

Aber auch beim Kauf eines freistehenden Einfamilienhauses oder einer Doppelhaushälfte in einer einheitlich gestalteten Wohnsiedlung müssen Sie damit rechnen, dass Sie es mit einer - dann allerdings sehr großen - Eigentümergemeinschaft einer „condominium property" zu tun bekommen. Außerdem werden sich in einem solchen Fall die Kosten der Erhaltung des Gemeinschaftseigentums auch auf Straßen und Wege (einschließlich Beleuchtung) sowie Ver- und Entsorgungsleitungen innerhalb der Siedlung erstrecken. Weil diese Infrastruktur nicht öffentlich ist, ist natürlich nicht die Kommune zuständig für die Instandhaltung und die dafür auflaufenden Kosten sondern die Eigentümergemeinschaft. Es liegt auf der Hand, dass sich daraus deutlich höhere Nebenkosten für die Eigentümer ergeben können.

Das Gemeinschaftseigentum eines „condos" wird durch die Eigentümergemeinschaft („homeowners's association") gehalten, die die maßgeblichen Weichenstellungen in Eigentümerversammlungen („general meetings") beschließt und ein Verwaltungsgremium („board of administration") wählt, das die Eigentümerversammlungen organisiert und die Beschlüsse ausführt.

„Condominium properties" in Form von Apartment-häusern liegen in den USA häufig in sehr guten Lagen direkt am Meer in touristischen Zentren, um auch an diesen sonst unbezahlbaren Lagen eine bezahlbare Form des Wohneigentums vorzuhalten. Sie kommen aber auch in weniger exponierten Lagen vor.

Informieren Sie sich vor dem Kauf einer Immobilie in einem „condo" sehr genau, welche laufenden Kosten auf Sie zukommen und lassen Sie sich vom Verkäufer Belege vorlegen für die in der Vergangenheit gezahlten Gebühren und Umlagen. Dies ist schon deshalb empfehlenswert, weil die Immobilie für rückständige Gebühren und Umlagen haftet, so dass Sie als Erwerber für aufgelaufene Zahlungsrückstände einstehen müssen, wenn der Voreigentümer seinen Verpflichtungen nicht nachgekommen ist.

Darüber hinaus sollten Sie sich informieren, ob größere Instandhaltungsmaßnahmen am Gemeinschaftseigentum anstehen, für die Sonderumlagen beschlossen werden können (z.B. Dachreparatur, Poolsanierung, Clubhausrenovierung etc.). Wenn solche Maßnahmen anstehen, müssen Sie das bei der Beurteilung der Angemessenheit des Kaufpreises und bei der Liquiditätsplanung berücksichtigen.

Schließlich gibt es noch den Typus einer sogenannten „co-operative property". Das ist eine US-amerikanische Besonderheit. Dabei handelt es sich um eine größere Immobilie, die nicht von einer Eigentümergemeinschaft gehalten wird sondern von einer Gesellschaft. Die Teilhaber der Gesellschaft erwerben kein Sondereigentum und kein Gemeinschaftseigentum, sondern Anteile an der Gesellschaft, die mit Nutzungsrechten an bestimmten Gebäudeteilen und Gemeinschaftseinrichtungen verbunden sind. Es gibt kein Sondereigentum, sondern nur eine große Immobilie, die der Gesellschaft gehört. Die Teilhaber zahlen mangels Eigentümerstellung keine eigene Hypothek ab und keine eigenen Grundsteuern, sondern leisten Beiträge an die Gesellschaft zur Bedienung des Darlehens und zur Begleichung öffentlicher Abgaben und Steuern durch die Gesellschaft. Die Übertragung der Anteile an der Gesellschaft und des damit verbundenen Nutzungsrechtes an bestimmten Gebäudeteilen ist strenger reglementiert als bei einer „condominium property". In jedem Einzelfall benötigt der Teilhaber die Zustimmung der Geschäftsführung der Gesellschaft und mitunter auch einen Beschluss der anderen Gesellschafter. Dieser Typus einer „co-operative property" kommt deutlich seltener vor als der Typus einer „condominium property". Hinzu kommt, dass die Anteile einer „co-operative property" in der Regel nicht öffentlich angeboten werden. Daher beziehen sich die folgenden Ausführungen auf die praxisrelevantere Variante der „condominium property".

a) Teilungserklärung („declaration of condominium")

Sehr wichtig für die Abgrenzung von Sondereigentum und Gemeinschaftseigentum ist die Teilungserklärung, die in den USA "declaration of condominium" genannt wird. In diesem Dokument wird genau definiert, welche

Teile des Gebäudes ein Eigentümer als exklusives Sondereigentum erwirbt und welche Teile Gemeinschaftseigentum sind. Die Teilungserklärung ist daher ein sehr wichtiges Dokument. Sie sollten sie genauestens studieren und erforderlichenfalls übersetzen lassen wenn Ihre Kenntnisse der englischen Sprache nicht ausreichend sind.

Beim Lesen dieses Dokumentes dürfen Sie sich nicht auf die Textpassagen zum Sondereigentum beschränken. Sie müssen auch die Regelungen mit der Definition des Gemeinschaftseigentums genau studieren. Denn es gibt mitunter böse Fallen bei der Definition des Gemeinschaftseigentums. Wenn z.B. ein Pool oder ein Tennisplatz einer „condominium property" **nicht** als Gemeinschaftseigentum in der Teilungserklärung ausgewiesen wird, dann müssen Sie damit rechnen, dass der Bauträger oder Projektentwickler sich daran Sondereigentum vorbehalten hat und Sie für die Nutzung später laufend zur Kasse gebeten werden. Das kann die Nebenkosten erheblich in die Höhe treiben und im Endeffekt den Wert der Immobilie mindern. Ein solcher Umstand muss daher beim Kauf eingepreist werden.

Die Gefahr einer für den einzelnen Eigentümer nachteiligen Konstruktion der Teilungserklärung („declaration of condominium") liegt auch darin begründet, dass diese in der Regel zu einem Zeitpunkt aufgesetzt wird, zu dem der Bauträger („property developer" oder „builder") noch Alleineigentümer des Grundstückes und der gesamten Anlage ist. Es gibt daher noch keine Wohnungseigentümer, die dem Text zustimmen müssten. Daher kann der Bauträger die Teilungserklärung so ausgestalten wie er möchte und sich dabei Vorteile sichern. Das geschieht in der Praxis auch.

Sie können nicht darauf vertrauen, dass der Immobilienmakler Sie genau informieren und beraten wird zu diesen Themen. Oftmals weiß der Makler nicht genau Bescheid oder er steckt sogar mit dem Bauträger unter einer Decke und informiert Sie bewusst nicht über die nachteilige Grenzziehung zwischen Sondereigentum und Gemeinschaftseigentum. Sie müssen sich selbst ein Bild von der Rechtslage machen. Wenn Sie nicht über die notwendige Expertise verfügen, müssen Sie dazu einen Fachmann einschalten. Daran führt kein Weg vorbei wenn Sie auf der sicheren Seite sein und böse Überraschungen vermeiden wollen.

b) Gemeinschaftsordnung („covenants, conditions and restrictions" – CC&Rs)

Eigentümergemeinschaften können „covenants, conditions and restrictions" (CC&Rs) vereinbaren, die für alle Eigentümer verbindlich sind. Dieses Dokument ist vergleichbar mit der Gemeinschaftsordnung nach deutschem Wohnungseigentumsrecht. Die CC&Rs können nur mit einer Mehrheit der Eigentümer geändert werden. Manche Teilungserklärungen sehen sogar Einstimmigkeit als Voraussetzung für eine Änderung vor. Sie müssen daher einkalkulieren, dass Sie die CC&Rs nicht so leicht ändern können und längerfristig mit ihnen leben müssen.

Umso wichtiger ist die genaue Kenntnis des Inhalts der Regelungen.

Der Inhalt der CC&Rs kann eine erhebliche Einschränkung der Nutzungsmöglichkeiten des einzelnen Eigentümers enthalten. Sie sollten daher in jedem Fall den Text der CC&Rs genauestens prüfen oder (falls Ihnen dazu die erforderlichen Sprach- und Fachkenntnisse fehlen) durch einen Fachmann prüfen lassen. Das ist eine unverzichtbare Pflichtübung und keine Kür beim Kauf eines „condo" in den USA.

Typische und für Sie als Erwerber wichtige Regelungen in CC&Rs beziehen sich z.B. auf die kurzfristige Vermietbarkeit einer Immobilie an Touristen. Wenn diese ausgeschlossen ist, dann können Sie die Immobilie nur selbst nutzen und während Ihrer Abwesenheit nicht für kürzere Zeiträume an Touristen vermieten. Als kurzfristige Vermietung in diesem Sinne gilt in der Regel ein Zeitraum von weniger als 30 Tagen. Es liegt auf der Hand, dass eine solche Ferienimmobilie als Kapitalanlage zur Erzielung von Einnahmen durch Vermietung an Touristen eher ungeeignet ist. Darüber hinaus können CC&Rs Regelungen zur gewerblichen Nutzung enthalten und diese ausdrücklich zulassen oder ausschließen.

In diesem Zusammenhang erinnere ich noch einmal daran, dass auch beim Kauf eines freistehenden Hauses, eines Reihenhauses oder einer Doppelhaushälfte in einer Wohnsiedlung die Regelungen einer „condominium property" zur Anwendung kommen können.

c) Eigentümerversammlung („general meeting")

Genau wie im deutschen Recht steht der Eigentümerversammlung als „Parlament" der Gemeinschaft das Recht der Entscheidung über maßgebliche Weichenstellungen zu. Bei einer „condominium property" wird diese als „general meeting" bezeichnet. Hier gilt prinzipiell das Mehrheitsprinzip. Das bedeutet, dass man eine Mehrheit organisieren muss, wenn man etwas durchsetzen oder verhindern will. Insofern ist der Vergleich mit einem Parlament durchaus treffend. Hier liegt häufig das Problem bei großen Eigentümergemeinschaften. Als einzelner neu hinzugekommener Eigentümer haben Sie wenig Einfluss und müssen in aller Regel akzeptieren, was alteingesessene Mehrheiten beschließen.

Jeder Eigentümer hat das Recht zur Teilnahme an der Eigentümerversammlung. Er kann auch einen bevollmächtigten Vertreter schicken. Jeder Eigentümer hat zudem das Recht, in Unterlagen der Verwaltung Einsicht zu nehmen.

Beim Kauf eines „condo" sollten Sie vom Verkäufer unbedingt Kopien der Protokolle von Eigentümerversammlungen aus der Vergangenheit verlangen. Diese sollten Sie sehr gründlich durcharbeiten. Denn sie enthalten viele wichtige Informationen über die Atmosphäre in einer Eigentümergemeinschaft und über anstehende Maßnahmen in der Zukunft, die sehr kostenträchtig sein können. Verkäufer reden über solche Probleme in den Verkaufsgesprächen nicht gerne. Denn es sind natürlich Argumente für die Reduzierung des Kaufpreises. Deshalb ist es unverzichtbar, diese Unterlagen gründlich auszuwerten.

Darüber hinaus sollten Sie auch mit anderen Eigentümern in einer „condominium property" sprechen und nicht nur mit dem Verkäufer. In zwanglosen Gesprächen mit anderen Eigentümern im Clubhaus erfahren Sie mitunter mehr über wichtige Hintergründe als auf gezielte Fragen an den Verkäufer.

Es kommt vor, dass sich Projektentwickler einer großen „condominium property" langfristig beherrschenden Einfluss gesichert haben und selbstherrlich zu ihrem eigenen Vorteil schalten und walten. Das geschieht in der Regel dadurch, dass die Kaufverträge beim ersten Verkauf der Immobilie eine Bevollmächtigung des Projektentwicklers oder Bauträgers vorsehen, das Stimmrecht des Eigentümers in der Eigentümerversammlung auszuüben wenn dieser selbst nicht daran teilnimmt. Fragen Sie den Verkäufer und andere Eigentümer gezielt auch zu solchen Hintergründen aus.

8. Immobilienmakler ("Real Estate Broker")

Ich hatte Ihnen bereits weiter oben in Kapitel B. IV. 2. Informationen über Immobilienmakler in den USA gegeben.

Nun stellt sich noch eine Frage, die Ihnen zunächst wunderlich erscheinen mag. Es ist die Frage, ob deutsches oder US-amerikanisches Maklerrecht anwendbar ist. Das Maklerrecht ist (anders als z.B. das Immobilien betreffende Sachenrecht) nicht an den Belegenheitsort der Immobilie gebunden. Entscheidend ist vielmehr die Anknüpfung an die Maklerleistung selbst. Wird diese z.B. von einem in den USA ansässigen Immobilienmakler gezielt über eine deutschsprachige Internetseite auf einer deutschen Domain an deutsche Kunden adressiert, dann wäre für den Maklervertrag nicht US-amerikanisches sondern deutsches Maklerrecht einschlägig. Das deutsche Recht ist deshalb anwendbar, weil der Makler in diesem Fall seine Tätigkeit gezielt auf deutsche Kunden in Deutschland ausgerichtet hat.

Nehmen wir einen anderen Fall: Sie sprechen die englische Sprache gut und stoßen in einer englischsprachigen Zeitung auf eine Anzeige eines US-amerikanischen Immobilienmaklers für eine in den USA gelegene Immobilie. In einem solchen Fall ist eindeutig US-amerikanisches Maklerrecht einschlägig. Das gilt auch dann, wenn Sie deutscher Staatsbürger sind und Ihren ausschließlichen Wohnsitz in Deutschland haben.

Die Einordnung wird dann komplizierter, wenn die Tätigkeit des Maklers nicht mehr eindeutig auf deutsche Kundschaft ausgerichtet ist. Wenn z.B. ein US-amerikanischer Makler in einem sowohl von deutschen als auch von amerikanischen Touristen frequentierten Urlaubsort im Schaufenster seines Ladenlokals zweisprachig (englisch und deutsch) abgefasste Immobilienangebote aushängt und auch in beiden Sprachen korrespondiert und ansprechbar ist, dann bedarf es zusätzlicher Anknüpfungspunkte für die Entscheidung, ob US-amerikanisches oder deutsches Maklerrecht einschlägig ist. In einem solchen Fall empfehle ich Ihnen, mit dem Makler darüber eine klare Vereinbarung zu treffen. Sie müssen allerdings einkalkulieren, dass amerikanische Makler sich strikt weigern, etwas anderes als amerikanisches Recht zu vereinbaren und anzuerkennen.

a) Deutsches Immobilienmaklerrecht

Die Hintergründe und Zusammenhänge des deutschen Immobilienmaklerrechtes stellen sich wie folgt dar:

Der Immobilienmakler hat dann Anspruch auf eine Maklerprovision, wenn der Kaufvertrag durch seinen Nachweis oder durch seine Vermittlung wirksam zustande kommt. Da ein Kaufvertrag über Immobilien nach deutschem Recht der notariellen Beurkundung bedarf, kann der Provisionsanspruch somit in Deutschland erst mit notarieller Beurkundung des Kaufvertrages entstehen. Nach US-amerikanischem Recht ist aber auch ein privatschriftlicher Kaufvertrag wirksam. Daher empfehle ich dringend, darauf zu achten, dass eine Maklerprovision eines US-amerikanischen Maklers keinesfalls vor dem Closing und keinesfalls vor der Ausfertigung der „deed of sale" entsteht.[38] Noch besser ist es, die Fälligkeit der Maklerprovision an die Registrierung der „deed of sale" beim zuständigen County Registry Office zu koppeln.[39] Dann sind Sie auf der sicheren Seite und verhindern, dass Sie eine Maklerprovision zum Fenster hinauswerfen, ohne am Ende des Tages Eigentümer der Immobilie zu werden.

Nicht selten drängen Makler darauf, den Provisionsanspruch in den Kaufvertrag aufzunehmen. Davon ist jedoch abzuraten, da das spätere Einwendungen gegen die Wirksamkeit des Provisionsanspruches abschneiden kann. Im Kaufvertrag sollte geregelt werden, wer den Makler bezahlt (Verkäufer allein oder Verkäufer und Käufer je zur Hälfte). Es sollte aber kein Anspruch des Maklers dem Grunde und der Höhe nach verbrieft werden. Dafür besteht auch keine Notwendigkeit, weil der Provisionsanspruch des Maklers im Maklervertrag geregelt ist. Daher sollten Sie einen solchen Vorschlag des Maklers mit diesen Argumenten ablehnen.

---

[38] Die Ausfertigung der „deed of sale" markiert in den USA rechtlich den Eigentumsübergang und entspricht der Auflassung und Eintragung des Erwerbers in das Grundbuch nach deutschem Recht.

[39] Ich verweise dazu auf die Ausführungen weiter oben im Abschnitt C. II. 6.

b) US-amerikanisches Immobilienmaklerrecht

Für den Maklervertrag nach US-amerikanischem Recht gelten ähnliche Empfehlungen wie im vorhergehenden Abschnitt dargestellt.

Der gebräuchlichste Typus eines Maklervertrages in den USA sieht vor, dass eine Maklerprovision nur im Falle des Abschlusses eines Kaufvertrages zu zahlen ist. Hierbei ist darauf zu achten, dass eine Provisionszahlung erst dann fällig wird, wenn der Closing-Termin erfolgreich war und mit der Ausfertigung der „deed of sale" abgeschlossen wurde.

Davon abweichend kann auch geregelt werden, dass Bemühungen des Maklers auch dann zu vergüten zu sind, wenn es nicht zum Abschluss eines Kaufvertrages kommt. Von solchen Klauseln würde ich Ihnen abraten. Sie sind intransparent und setzen Sie auch dann einem Kostenrisiko aus, wenn der Makler nicht erfolgreich arbeitet und Ihnen keine geeignete Immobilie nachweist oder vermittelt.

In jedem Fall sollten Sie im Maklervertrag ausdrücklich die Höhe der Provision (inklusive Umsatzsteuer = „sales tax") sowie die exakten Fälligkeitsvoraussetzungen regeln. Darüber hinaus empfehle ich eine klarstellende Regelung, dass **kein** Aufwandsersatz zu zahlen ist, sondern nur die Provision und diese auch nur im Falle des erfolgreich durchgezogenen Kaufes.

Wie oben erwähnt, gibt es in den USA die Gepflogenheit, dass der Käufer beim Abschluss eines Kaufvertrages

(„bill of sale") eine Anzahlung in Höhe von 5 bis 10% des Kaufpreises zu leisten hat. Ich rate dringend davon ab, das Geld über den Makler fließen zu lassen. Manche Maklerverträge sehen solche Regelungen vor. Es gibt jedoch keinen sachlichen Grund dafür, Kaufpreiszahlungen über Konten des Maklers oder gar in bar über den Makler abzuwickeln. Anzahlungen auf den Kaufpreis sollten nur über einen „escrow agent" bzw. einen „closing agent" abgewickelt werden, der neutral ist und mit beiden Vertragsparteien klare Treuhandvereinbarungen getroffen hat.[40]

Mitunter wollen Immobilienmakler sich eine Vollmacht zum Abschluss eines Kaufvertrages erteilen lassen. Davon ist strikt abzuraten. Der Makler ist nicht neutral, da er ein Eigeninteresse am Abschluss des Vertrages hat. Der Vertragsabschluss und die Gestaltung eines Kaufvertrages gehören nicht in die Hände eines Immobilienmaklers. Dafür sollten Sie einen Rechtsanwalt („Attorney at Law") einschalten. Den Vertrag unterschreiben am Ende des Tages nur Sie allein. Sie müssen bis zum Abschluss volle Kontrolle über das Geschehen haben. Das haben Sie aber nur wenn Sie keine Vollmachten erteilen.

Die Höhe der Maklerprovision beträgt in den USA zwischen 5 und 7% des Kaufpreises. Grundsätzlich schuldet die Vertragspartei dem Makler die Provision, die mit ihm den Vertrag geschlossen hat. Dabei ist nicht ausge-

---

[40] Ich verweise dazu auf die Ausführungen weiter oben in Abschnitt C. II. 4.

schlossen, dass der Makler mit beiden Parteien einen Vertrag schließt. Das gilt sowohl für das deutsche als auch für US-amerikanische Recht.

Sie sollten daher frühzeitig klarstellen, dass Sie als Käufer keine Provision zahlen möchten oder allenfalls eine hälftige Provision. Dabei dürfte Ihnen auch der Umstand helfen, dass in den USA die Maklerprovision üblicherweise vom Verkäufer gezahlt wird.

Ich rate Ihnen auch deshalb, mit dem Makler eine klare Vereinbarung zu treffen, weil es in den USA üblich ist, dass ein und dieselbe Immobilie von mehreren Maklern vermarktet wird. Die in Deutschland gebräuchlichen Makler-Alleinaufträge des Verkäufers sind dort weniger verbreitet als in Deutschland.

Es entspricht in den USA der Regel, mehrere Makler mit der Vermarktung ein und derselben Immobilie zu beauftragen. Sie laufen daher Gefahr, als Käufer von mehreren Immobilienmaklern auf Zahlung einer Provision in Anspruch genommen zu werden, wenn Sie sich von mehreren Maklern Leistungen zu ein und derselben Immobilie gefallen lassen.

Wenn Sie hingegen mit allen Maklern eine klare Vereinbarung getroffen haben, dass Sie als Käufer keine Provision zahlen, dann sind Sie dadurch auch gegen eine mehrfache Inanspruchnahme geschützt.

c) Immobilienmakler als Berater?

Makler versuchen mitunter den Eindruck zu erwecken, dass Sie den Kaufinteressenten beraten. Tatsächlich fehlt ihnen jedoch in der Regel die Expertise, um beispielsweise zu rechtlichen und steuerlichen Themen wirklich zu beraten. Erschwerend kommt hinzu, dass Makler häufig für beide Seiten tätig sind und dann gar nicht objektiv beraten können.

Schließlich schreiben Makler nahezu flächendeckend in das „Kleingedruckte" des Maklervertrages oder in ihre Allgemeinen Geschäftsbedingungen rein, dass sie keine Haftung für die Richtigkeit von Informationen oder Ratschlägen übernehmen. Bei Lichte betrachtet ist die Beraterrolle des Maklers daher nur heiße Luft. Das gilt sowohl für Makler in Deutschland als auch für solche in den USA. Ich rate Ihnen daher, sich von vornherein klar zu machen, dass ein Makler Sie weder kompetent beraten noch objektiv Ihre Interessen vertreten kann. Das können nur Rechtsanwälte, Steuerberater und Bausachverständige. Solche Berater arbeiten natürlich nicht kostenlos. Aber Sie sind von Gesetzes wegen zu einer sachlich richtigen und belastbaren Beratung verpflichtet und müssen auch dafür gerade stehen, dass der Rat zutreffend ist.

Darüber hinaus sollten Sie stets sicherstellen, dass Sie genau verstehen, was in Dokumenten steht, die Sie unterschreiben. Letztendlich können Sie sich nur dadurch schützen, dass Sie so lange lesen und erforderlichenfalls Fragen stellen, bis Ihnen alles klar ist und Sie genau wissen, welche Vereinbarungen Sie unterschreiben. Das kostet Zeit und Mühe, ist aber der beste Schutz gegen teure und schmerzhafte Fehlgriffe, die Sie langfristig sehr belasten können (finanziell und psychologisch).

III. Finanzierung der Ferienimmobilie

Wenn Sie den Erwerb der Ferienimmobilie vollständig mit Eigenkapital bewältigen können, dann können Sie sich glücklich schätzen. In vielen Fällen ist das jedoch nicht möglich. Daher möchte ich auch auf das Thema der Finanzierung durch Darlehen eingehen.

1. Deutsche oder US-amerikanische Bank?

Bei der Finanzierung von Auslandsimmobilien tun sich deutsche Banken dann schwer, wenn sie keine erstrangige Grundschuld auf einer Immobilie in Deutschland als Sicherheit erhalten.[41] Wenn Sie kein entsprechendes Objekt haben oder Ihre deutsche Immobilie noch mit einem Darlehen belastet ist, wird es problematisch. Denn dann ist die deutsche Bank auf die Immobilie in den USA als Sicherheit angewiesen. Für die Grundschuld („mortgage") auf der Immobilie in den USA ist zwingend US-amerikanisches Recht einschlägig. Das ist für eine deutsche Bank eine echte Herausforderung. Denn sie müsste

---

[41] Für sämtliche Fragen rund um eine Darlehensfinanzierung in Deutschland empfehle ich Ihnen mein weiteres Buch „Immobilienfinanzierung für Eigennutzer – Ratgeber für Kauf, Bau & Kredit". Sie finden das Buch bei Amazon unter dem folgenden Kurzlink: http://amzn.to/2tCIoAc

im Ernstfall bei einem US-amerikanischen Gericht eine Zwangsvollstreckung in die Immobilie in die Wege leiten und sich auf die US-amerikanische Justiz verlassen.

Darüber hinaus ist es für eine deutsche Bank schwieriger, die Werthaltigkeit einer Immobilie in den USA zu beurteilen. Sie wird daher im Normalfall nicht bereit sein, ein Darlehen mit einer Grundschuld („mortgage") auf einer Immobilie in den USA zu finanzieren. Wenn Sie dazu ausnahmsweise doch bereit ist, wird sie das nur zu Konditionen tun, die erheblich schlechter sind als bei ganz normalen Immobiliendarlehen.

Wenn Sie keine Immobilie in Deutschland als Sicherheit anbieten können, wird Ihnen daher in der Regel nichts anderes übrig bleiben, als sich an amerikanische Banken vor Ort zu wenden. Ein weiterer Nachteil der Finanzierung über eine US-amerikanische Bank ist, dass Sie mit diversen zusätzlichen Kosten rechnen müssen:

- Kosten für einen House Inspector
- Kosten für ein Wertgutachten
- Kosten für eine „title insurance"[42]
- Stempelsteuer für die Eintragung der Hypothek
- Weitere Bankgebühren: (i) mortgage application fee, (ii) credit report fee, (iii) lender´s legal fee, (iv) lender´s title insurance fee, (v) loan origination fee, (vi) document preparation fee

---

[42] Ich verweise dazu auf die Ausführungen weiter oben in Abschnitt C. II. 5.

Aus diesen Kostenpositionen können sich in der Summe 3 % und mehr des Darlehensbetrages ergeben.

Bei einer Finanzierung über eine amerikanische Bank müssen Sie außerdem damit rechnen, dass Sie als nicht-residenter Ausländer („non-resident alien") eine Sicherheit in Höhe von 3 bis 6 monatlichen Darlehensraten (Zins- und Tilgung) zuzüglich Grundsteuern und Versicherungsprämien für einen solchen Zeitraum hinterlegen müssen. Diesen Betrag müssen Sie zusätzlich zu den gesamten Anschaffungskosten als Eigenkapital verfügbar haben.

Ein sehr starkes Argument für eine Finanzierung des Kaufpreises über eine deutsche Bank und nicht über eine amerikanische Bank ist der Umstand, dass die Immobiliendarlehenszinsen in Deutschland derzeit ca. 1,5% niedriger sind als in den USA. In den USA zahlen Sie aktuell ca. 3 % Zinsen für ein Immobiliendarlehen mit einer Zinsfestschreibung für 15 Jahre.[43] In Deutschland zahlen Sie für ein solches Darlehen aktuell nur ca. 1,5 % Zinsen.[44]

Insgesamt gibt es daher gute Gründe, nach Möglichkeit über eine deutsche Bank zu finanzieren mit einer Grundschuld auf einer Immobilie in Deutschland. Wenn Sie das tun, haben Sie den weiteren Vorteil, dass Sie beim

---

[43] Ich verweise dazu auf die folgende Internetseite: http://www.hsh.com/

[44] Ich verweise dazu auf die folgende Internetseite: https://goo.gl/BHHizH

Kauf in den USA als „cash-payer" auftreten können. Das erhöht Ihre Chancen deutlich, bei mehreren Kaufinteressenten bevorzugt zu werden. Denn bei einem „cash-payer", der keine Darlehensfinanzierung benötigt, hat der Verkäufer weniger Aufwand für das „Closing" und kann sicher sein, dass der Kauf nicht an einer Bankfinanzierung scheitert.

Ich möchte aber nicht verschweigen, dass es an der steuerrechtlichen Front einen Nachteil geben könnte: In den meisten Bundesstaaten können Darlehenszinsen auch bei vollständiger oder gelegentlicher Eigennutzung von der Einkommensteuer abgesetzt werden.[45] Bei einer Finanzierung über ein Darlehen bei einer deutschen Bank könnten Sie Schwierigkeiten bei der Anerkennung der Darlehenszinsen zur Reduzierung Ihrer Einkommensteuer in den USA bekommen. Das amerikanische Finanzamt könnte in Abrede stellen, dass die Darlehensaufnahme in Deutschland in Zusammenhang mit der Anschaffung der Immobilie in den USA steht und die Anerkennung der Darlehenszinsen als Werbungskosten verweigern. Ob sich das amerikanische Finanzamt von einem solchen Ursachenzusammenhang überzeugen lässt (z.B. durch Belege, dass das in Deutschland ausgezahlte Darlehen von € in US-$ umgetauscht wurde zur Bezahlung des Kaufpreises), hängt im Einzelfall von dem Finanzbeamten ab.

---

[45] Ich verweise dazu auf die Ausführungen weiter unten in Abschnitt C. IV. 3.

2. Finanzierung über US-Amerikanische Bank

Wenn Sie sich für eine Finanzierung über eine US-amerikanische Bank entscheiden, dürften die folgenden Erklärungen zur Orientierung für Sie hilfreich sein.

In den USA gibt es eine Vielzahl an Finanzinstituten, die Immobiliendarlehen („mortgage loans") vergeben.[46] Sie sollten berücksichtigen, dass die Erlangung eines „mortgage loans" für Sie als Ausländer mehr Zeit in Anspruch nimmt. Sie sollten mindestens 30 Tage einkalkulieren und sich darauf einstellen, dass es bis zu 90 Tage dauern kann. Das ist ein nicht zu unterschätzender Stolperstein an der Verhandlungsfront mit dem Verkäufer, der den Verkauf gerne schnell und unkompliziert über die Bühne bringen will.

a) Credit Score

Für den Abschluss einer Immobilienfinanzierung wird in den USA für jeden potentiellen Darlehensnehmer ein sogenannter „credit score" abgefragt. Der „credit score" wird ermittelt zur Bewertung der Kreditwürdigkeit eines Bankkunden auf der Grundlage eines Punktsystems. Der bekannteste und für amerikanische Banken ge-

---

[46] Eine Liste mit den größten Mortgage Banken in den USA finden Sie auf der folgenden Internetseite:
https://www.relbanks.com/rankings/top-us-mortgage-lenders

bräuchlichste „credit score" wird von FICO ermittelt. Er bewegt sich auf einer Skala von 300 bis 850. Je höher der score ist, desto besser die Kreditwürdigkeit.

Da diese Daten aufgrund von Zahlungsmoral und bestehenden bzw. ausgeschöpften Kreditlinien **in den USA** ermittelt werden, sind Sie als Ausländer in dieser Hinsicht für eine US-amerikanische Bank ein unbeschriebenes Blatt, weil schlicht und einfach keine Daten über Sie vorhanden sind, auf die ein FICO - Rating aufbauen könnte. Das stellt für die Erlangung eines Immobiliendarlehens ein praktisches Problem dar. Denn die Prozesse der Darlehensvergabe sind in den USA stark standardisiert und bauen auf dem System der „credit scores" auf. Ich verweise dazu beispielhaft und die Internetseite www.bankrate.com. Dort müssen Sie für die Abfrage einer Indikation einer Immobilienfinanzierung stets Ihren „credit score" eingeben.

Weil Sie als Ausländer bisher keine nennenswerten finanziellen Spuren in den USA haben, müssen Sie eine US-amerikanische Bank anders überzeugen, dass Sie kreditwürdig sind. Das könnten Sie z.B. mit den folgenden Unterlagen versuchen:

- Einkommensteuerbescheide
- Bescheinigung Ihrer Hausbank in Deutschland
- Konto- und Wertpapierdepotauszüge
- Übersicht über Ihre bisherigen Arbeitsverhältnisse
- Lohn- und Gehaltsabrechnungen
- Übersicht über Ihr gesamtes Vermögen

- Übersicht über Ihre Schulden

Weitere Voraussetzung ist, dass die amerikanische Bank bereit ist, sich Ihre Unterlagen anzuschauen und darauf eine eigene Einschätzung Ihrer Kreditwürdigkeit aufzubauen. Das ist natürlich mit erheblichem Mehraufwand verbunden und wird sich in schlechteren Konditionen niederschlagen.

b) Mortgage Bank & Mortgage Broker

Sie haben die Wahl, ob Sie sich direkt an eine Mortgage Bank wenden oder ob Sie das über den Mittler eines Mortgage Brokers tun. In den USA gibt es Makler, die Immobilienfinanzierungen vermitteln und darüber hinaus die Darlehensnehmer bei der Beantragung der Finanzierung unterstützen. Diese Leistungen werden durch Provisionen der Banken finanziert, die am Ende des Tages von Ihnen über Zins- und Provisionszahlungen an die Bank getragen werden müssen. Daher sind die Konditionen bei solchen Finanzierungen häufig ungünstiger. Es spricht daher einiges dafür, sich selbst mit den Kreditvergabeprozessen vertraut zu machen und sich direkt an eine Mortgage Bank zu wenden.

Für eine Übersicht der am Markt tätigen Banken und deren Konditionen sind die folgenden Internetseiten ein guter Ausgangspunkt:

- www.bankrate.com
- www.hsh.com

- https://www.trulia.com/mortgage-rates/
- www.compareinterestrates.com

Es ist natürlich auch denkbar, sowohl Banken als auch Mortgage Broker zu kontaktieren und am Ende des Tages das beste Angebot heraussuchen. Solange Sie nicht tatsächlich verbindliche Angebote von Banken einholen, sondern nur Indikationen, ist das durchaus eine vertretbare Strategie. Seien Sie jedoch vorsichtig, wenn Anträge gestellt werden. Wenn Sie diverse Anträge stellen und am Ende des Tages eine ganze Reihe von Angeboten ablehnen, kann das einen negativen Niederschlag in Ihrer noch unbelasteten und blütenweißen Datenhistorie in den USA erzeugen. Denn es kann passieren, dass Einträge in Datenbanken erfolgen, dass Sie eine Ablehnung Ihres Antrags bekommen haben, obwohl es tatsächlich so war, dass Sie ein Angebot schlicht und einfach nicht angenommen haben. Aus einer solchen Falschinformation kann eine andere Bank oder eine Ratingagentur (z.B. FICO) falsche Schlussfolgerungen ziehen mit entsprechend negativen Folgen für Ihren „credit score". Ich rate Ihnen daher zur Vorsicht. Sie sollten nicht wahllos mehrere Anträge bei Mortgage Banken stellen, ohne sich über diesen Hintergrund Gedanken zu machen.

c) Loan Estimate & Pre-Approval

Eine Immobilienfinanzierung läuft in den USA so ab, dass Sie zunächst Indikationen bei Banken einholen. Das geschieht in heutiger Zeit online über die Eingabe von Daten auf Internetseiten und eventuell auch das nachfolgende Hochladen von Unterlagen. Dann erhalten Sie bereits auf dem Bildschirm Indikationen von verschiedenen Banken angezeigt. Ich verweise z.B. auf die Internetseite www.bankrate.com, die sehr typisch aufgebaut ist.

Auf der nächsten Stufe erhalten Sie nach Stellung eines Antrages auf eine konkrete Finanzierung ein sogenanntes „loan estimate". Das ist ein Standardtext in einem vorgeschriebenen Format, der die Eckdaten eines Finanzierungsangebotes ausweist. Wenn Sie der Bank dann mitteilen, dass Sie auf der Grundlage des „loan estimates" nun eine verbindliche Finanzierung beantragen wollen, erhalten Sie von der Bank eine sogenannte „pre-approval". Das ist eine Darlehenszusage, die allerdings noch unter bestimmte Bedingungen gestellt ist. Eine absolut übliche Standardbedingung besteht darin, dass vorausgesetzt wird, dass ein Wertgutachten („appraisal") bestätigt, dass der Wert der Immobilie nicht unter dem im Kaufvertrag vereinbarten Kaufpreis liegt. Eine weitere übliche Bedingung ist die Ausfertigung einer Versicherungspolice durch eine „title insurance company", um sicherzustellen, dass der Verkäufer legitimer Eigentümer ist und dem Käufer und Darlehensnehmer wirksam das Eigentum an der Immobilie verschaffen kann.[47] Das ist für die Bank wichtig, weil davon auch die Wirksamkeit der Grundschuld („mortgage") abhängt, die zur Sicherung der Finanzierung auf der Immobilie eingetragen wird.

---

[47] Ich verweise dazu auf die Ausführungen weiter oben unter C. II. 5.

d) Annuitätendarlehen mit Festzinssatz

Auch in den USA gibt es Annuitätendarlehen mit Festzinssatzbindung (sogenannte „fixed rate mortgages"). Das heißt, dass die monatliche Rate während der Zinsbindung gleich bleibt und einen Zins- und Tilgungsanteil enthält. Der Zinsanteil wird mit „interest" bezeichnet und der Tilgungsanteil mit „amortization". Genau wie bei einem Annuitätendarlehen in Deutschland steigt der Tilgungsanteil im Laufe der Zeit an wohingegen der Zinsanteil abnimmt infolge fortschreitender Tilgung.[48]

In den USA besteht die Besonderheit, dass die Tilgungsstruktur so ausgestaltet wird, dass diese an die Zinsbindung gekoppelt ist. Das heißt, dass die Tilgung so bemessen wird, dass das Darlehen bis zum Ende der Zinsbindungsfrist vollständig getilgt wird. Das führt zu sehr hohen anfänglichen Tilgungssätzen. Daher führt die Auswahl einer in Deutschland sehr gebräuchlichen Zinsbindung von 10 Jahren in den USA zu sehr hohen monatlichen Raten. Sie können das austesten, wenn Sie entsprechende Eingaben auf der folgenden Internetseite machen: www.bankrate.com.

Bei der Wahl einer längeren Zinsbindung von beispielsweise 15 oder 30 Jahren und damit einhergehend einer anderen Tilgungsstruktur, ist die monatliche Rate deutlich niedriger. Es ist Verhandlungssache, ob Sie im

---

[48] Eine ausführlichere Beschreibung der Eckdaten einer Immobilienfinanzierung mittels Annuitätendarlehens finden Sie weiter unten im Abschnitt C. III. 4.

Einzelfall etwas anderes mit der Bank vereinbaren kön- nen als die vollständige Tilgung bis zum Ende der Zins- bindungsfrist und damit einhergehend eine sehr hohe monatliche Rate. Sie müssen jedoch einkalkulieren, dass jede „Sonderlocke" zu einer Verschlechterung der Kondi- tionen führt und die Finanzierung damit teurer macht.

In den USA sind Zinsfestschreibungen für 15 oder 30 Jahre mittlerweile der „Goldstandard". Vor der sogenann- ten Sub-prime Immobilienkrise in 2007/2008 waren großflächig Immobiliendarlehen vergeben worden, bei denen auf eine Zinsbindung verzichtet wurde. Das hat viele finanzschwache Darlehensnehmer und Eigenhei- merwerber nach einem Anstieg der Zinsen in die Zwangsvollstreckung getrieben. In heutiger Zeit werden zwar noch immer Immobiliendarlehen mit variabel aus- gestalteten Zinsen angeboten (sogenannte „adjustable ra- te mortgages"). Von solchen Angeboten würde ich Ihnen jedoch abraten, weil sie keine Planungssicherheit der monatlichen Belastungen ermöglichen.

Insbesondere sind die Zinserwartungen in den USA etwas anders als in Europa. In den USA wird kurz- bis mittelfristig mit einem Ansteigen der Zinsen gerechnet. Im Euroraum wird hingegen mit einem deutlich langsa- meren Anstieg der Zinsen gerechnet. Das ist ein starkes Argument für eine Festzinssatzvereinbarung und gegen einen variablen Zinssatz.

Schließlich gibt es noch Kombi-Produkte, die eine an- fängliche Zinsbindung von 3 bis 7 Jahren mit einer vari- ablen Verzinsung nach Auslaufen der Zinsbindung kombinieren. Die Verzinsung geht dann nach Auslaufen der Bindung automatisch in eine variable Verzinsung über, die jeweils nach bestimmten Zeiträumen (z.B. 6 Monate oder 1 Jahr) an das aktuelle Marktzinsniveau angepasst wird.

3. Eigenkapitalanteil & Darlehensbedarf

Sie müssen entscheiden, wie hoch der Eigenkapitalanteil gewählt wird und wie hoch der Darlehensanteil. Bei einer Finanzierung über eine US-amerikanische Bank wird der Eigenkapitalanteil als „down payment" bezeichnet. Das ist etwas verwirrend aus deutscher Perspektive, weil es so klingt, als würde eine entsprechende Sondertilgung vorgenommen nach der Aufnahme des Darlehens. Gemeint ist aber eigentlich nur das eingebrachte Eigenkapital, mit dem ein bestimmter Prozentsatz der Anschaffungskosten bestritten wird. Denn das „down payment" bezieht sich auf die Anschaffungskosten und nicht auf das aufgenommene Darlehen.

Die Höhe des Eigenkapitalanteils ist auch für US-amerikanische Banken ein sehr wichtiges Kriterium für die Entscheidung, ob Sie Ihnen ein Darlehen gewährt und zu welchen Konditionen sie das tut. Bei einem hohen Eigenkapitalanteil wird der Zinssatz deutlich günstiger, weil das Risiko für die Bank kleiner wird. US-amerikanische Banken bestehen auf mindestens 20% Eigenkapitalanteil bei einer Immobilienfinanzierung für ein Eigenheim. Bei der Finanzierung von Ferienimmobilien nichtresidenter

Ausländer wird in der Regel ein deutlich höherer Eigenkapitalanteil von bis zu 50 % gefordert.

Bei geringem Eigenkapitalanteil besteht die amerikanische Bank auf den Abschluss einer Restschuldversicherung für die Rückzahlung des Darlehens („mortgage life insurance" oder „private mortgage insurance"). Das verursacht zusätzliche Kosten für Sie als Darlehensnehmer von monatlich US-$ 50 – 150 (je nach Höhe der abzusichernden Restschuld). Insofern zahlt sich ein höherer Eigenkapitalanteil für Sie auch an der Front der zusätzlichen Kosten und Gebühren aus, weil die Bank bei hinreichend Eigenkapital auf den Abschluss dieser Versicherung verzichtet.

Bevor Sie eine Festlegung zur Höhe des Eigenkapitalanteils treffen können, müssen Sie zunächst Klarheit gewinnen, wie viel Geld Sie kurzfristig als Eigenkapital zur Verfügung haben. Das verfügbare Eigenkapital ergibt sich aus den kurzfristig verfügbaren Geldmitteln, die nicht für andere Ausgaben oder anstehende Investitionen benötigt werden. Dazu zählen Kontoguthaben, aber auch Wertpapiere (z.B. Aktien, Aktienfondsanteile), die Sie kurzfristig zu Geld zu machen können.

Es ist wichtig, dass Sie bei der Ermittlung nur freie Geldmittel heranziehen und das Eigenkapital im Zweifel lieber zu niedrig ansetzen als zu hoch. Denken Sie dabei auch an Dinge, die Sie lieber verdrängen wie z.B. die Kosten für eine Autoreparatur oder die Anschaffung eines neuen Autos. Wenn Sie die Höhe des Eigenkapitals zu positiv ermitteln, wird die Errechnung Ihres Darlehensbedarfes zu gering ausfallen. Das führt zur Notwendigkeit einer Nachtragsfinanzierung, die Banken ungerne machen und sich in der Regel mit einer Verschlechterung der Konditionen vergüten lassen. Wenn Sie hingegen vorsichtig kalkulieren, sind Sie auf der sicheren Seite und bleiben auch bei einem höheren Finanzbedarf handlungsfähig, weil sie Finanzierungslücken ganz entspannt mit Eigenkapital schließen können.

Der Darlehensbedarf ergibt sich aus der Differenz zwischen den Anschaffungskosten (inklusive Kaufnebenkosten) und dem Eigenkapital.

4. Finanzierung über eine deutsche Bank

Wenn Sie über eine entschuldete Immobilie in Deutschland als Sicherheit für die Bank verfügen, dann können Sie ganz entspannt ein Darlehen in Deutschland aufnehmen. Denn Sie können der deutschen Bank eine Grundschuld auf Ihrer deutschen Immobilie bestellen und erhalten so günstige Realkreditzinsen. Wie oben dargestellt, sind die Zinsen für Immobiliendarlehen derzeit in Deutschland ca. 1,5 % niedriger als in den USA. Auch unter diesem Aspekt ist die Finanzierung über eine deutsche Bank ein geschickter Schachzug.

Bei der Aufnahme eines Darlehen über eine deutsche Bank müssen Sie sich entscheiden, ob Sie das Darlehen in US-$ aufnehmen oder in €. Für die Bezahlung des Kaufpreises benötigen Sie natürlich US-$. Das wäre ein Argument für die Aufnahme des Darlehens in US-$. Allerdings ist zu bedenken, dass nicht alle Banken in Deutschland Darlehen auf US-$ Basis anbieten. Des Weiteren ist zu berücksichtigen, dass Sie das Darlehen aus Ihren laufenden Einkünften in Deutschland zurückzahlen werden, die Sie in € erhalten. Das gilt jedenfalls bei vorwiegend für die Eigennutzung angeschafften Ferienimmobilien, aus denen Sie keine nennenswerten Mieteinkünfte in US-$ erzielen. Das führt dazu, dass Sie bei Fälligkeit einer Darlehensrate ständig Geldbeträge in US-$ wechseln müssten. Das ist ein hoher Aufwand und setzt Sie während der gesamten Laufzeit des Darlehens einem Fremdwährungsrisiko aus, dass der Wechselkurs zwischen € und US-$ sich ungünstig entwickelt und damit die Belastungen für Sie höher werden. Das ist ein starkes Argument dafür, das Darlehen **nicht** auf US-$ Basis aufzunehmen, sondern stattdessen den Auszahlungsbetrag des Darlehens in € zur Bezahlung des Kaufpreises einmalig in US-$ umzutauschen. Dabei müssen Sie natürlich aufpassen, dass Sie einen fairen Wechselkurs erhalten und keine allzu schmerzhaften Gebühren berechnet bekommen. Bei der Größenordnung eines Immobilienkaufpreises summieren sich Gebühren von 1 bis 2 % für den Umtausch in US-$ zu gigantischen Beträgen auf. Informieren Sie sich daher gründlich und lassen Sie sich nicht einfach auf das freundliche Angebot der finanzierenden Bank ein, den Betrag unbürokratisch in US-$ umzutauschen.

Das von deutschen Banken am häufigsten vertriebene Produkt zur Immobilienfinanzierung stellt das **Annuitätendarlehen** mit Festzinssatzbindung dar. Diese Form der Finanzierung wird von allen Banken, Sparkassen und

Direktbanken angeboten. Dabei handelt es sich um ein Darlehen, das mit einer Festzinssatzbindung und einer laufenden Tilgung versehen ist. Es wird mit gleich bleibend hohen Raten bedient. Diese enthalten sowohl die laufenden Zinsen auf den Darlehensbetrag als auch einen Tilgungsanteil zur Rückführung des Darlehens. In aller Regel wird das Annuitätendarlehen mit einer erstrangigen Grundschuld besichert.

Im Folgenden möchte ich Ihnen das Annuitätendarlehen näher vorstellen. Bei einem solchen Darlehen sind neben dem Darlehensbetrag vier Stellgrößen wichtig:

- Nominalzinssatz in % pro Jahr
- Anfänglicher Tilgungssatz in % des Darlehensbetrages
- Zinsfestschreibungsdauer in Jahren
- Sondertilgungsrechte

Wenn von den Konditionen eines Annuitätendarlehens die Rede ist, so sollten Sie Ihr Augenmerk auf diese vier Stellgrößen richten, da diese maßgeblich sind für die Kosten eines Darlehens. Aus diesen Eckdaten können alle anderen Kosten und Belastungen berechnet werden. Das gilt insbesondere für die Höhe der monatlichen Rate, die Gesamtzinslast und die Laufzeit des Darlehens bis zur Volltilgung.

a) Nominalzinssatz und Effektivzinssatz

Zunächst möchte ich auf den Darlehenszinssatz zu sprechen kommen, der ja die markanteste Stellgröße darstellt. Wenn Sie sich ein typisches Immobilienkreditangebot anschauen, werden Sie feststellen, dass dort mit einem Nominalzinssatz und einem Effektivzinssatz gearbeitet wird. Der **Nominalzinssatz** gibt den Zinssatz an, der auf den Darlehensbetrag für die jeweilige Zinsperiode berechnet wird. Der Nominalzinssatz ist die Größe, mit der Anbieter von Immobilienfinanzierungen ja auch in der Regel werben. Je niedriger der Nominalzinssatz für einen Bankkredit ist, desto günstiger ist eine Finanzierung grundsätzlich.

Die Höhe des Nominalzinssatzes hängt neben der aktuellen Lage an den Finanzmärkten auch von Ihrer persönlichen Bonität und von der Werthaltigkeit der Immobilie ab, die finanziert werden soll. Darüber hinaus spielt die Ausschöpfung des so genannten Beleihungswertes der Immobilie eine große Rolle für die Höhe des Nominalzinssatzes.

Der **anfängliche effektive Jahreszinssatz** hingegen beziffert den Zinssatz unter Einrechnung von Kosten und unter Berücksichtigung der Tilgungsstruktur. Er wird ebenfalls in Prozent pro Jahr ausgedrückt und ist naturgemäß höher als der Nominalzinssatz. Der effektive Jahreszinssatz ist in der Preisangabenverordnung (PAngV) beschrieben.

Darüber hinaus sollten Sie auf hinreichende Flexibilität in Form von Sondertilgungsrechten achten, um das Darlehen schneller zurückführen zu können, weil das die Gesamtzinslast und damit die Kosten des Darlehens sehr effektiv reduziert. Sie finden das weiter unten mit konkreten Rechenbeispielen belegt.

b) Anfänglicher Tilgungssatz und monatliche Belastung

Der Nominalzinssatz ist jedoch nicht die einzige Stellgröße für die Kosten eines Annuitätendarlehens. Ganz entscheidend für die Gesamtkosten einer Finanzierung ist auch die Höhe der anfänglichen Tilgung. Sie wird mit einem % - Satz der Darlehenssumme festgelegt. Dieser % - Satz wird deshalb als **anfänglicher** Tilgungssatz bezeichnet, weil er nicht konstant bleibt, sondern mit fortschreitender Rückzahlung des Darlehensbetrages infolge der gesunkenen Zinslast höher wird.

Die Höhe der monatlich gleich bleibenden Rate ergibt sich aus dem Nominalzinssatz und aus dem anfänglichen Tilgungssatz, der in dem Kreditvertrag vereinbart worden ist. Für die Berechnung kann folgende Formel verwendet werden:

$$\frac{\text{Kreditbetrag} \times (\text{Zinssatz} + \text{Tilgungssatz})}{12} = \text{Monatliche Rate}$$

Beispiel:

Kreditbetrag:	€ 150.000
Nominalzinssatz	2,5 % p.a.
Anfängliche Tilgung	3 % p.a.
=> monatliche Rate:	€ 687,50

Mit fortschreitender Tilgung des Darlehens steigt der Tilgungssatz im Laufe der Zeit erheblich an. So erklärt sich, dass ein Darlehen mit einer anfänglichen Tilgung von z.B. 1 % nicht erst nach 100 Jahren zurückgezahlt ist, sondern bereits nach 30 – 40 Jahren. Je höher der anfängliche Tilgungssatz gewählt wird, desto schneller ist das Darlehen zurückgezahlt und desto geringer fällt die Gesamtzinslast aus. Ich möchte Ihnen das durch ein einfaches Beispiel verdeutlichen, indem ich Ihnen die Ergebnisse einer Finanzierung mit einem Annuitätendarlehen mit 1 % anfänglicher Tilgung (**Variante 1**) und 4 % anfänglicher Tilgung (**Variante 2**) auswerfe und tabellarisch gegenüberstelle. Die entscheidenden Werte finden Sie in den grau hinterlegten Feldern:

	Variante 1	Variante 2	Diffe- renz
Kreditbetrag	€ 150.000	€ 150.000	
Zinssatz nominal p. a.[49]	2,5 %	2,5 %	
anfängliche Tilgung p. a.	1,00 %	4,00 %	3,00 %
Monatliche Rate	€ 438	€ 813	€ 375
Laufzeit bis Volltilgung	40 Jahre	19,5 Jahre	20,5 Jahre
Gesamtzinslast bis Volltilgung	€ 107.073	€ 39.545	€ 67.528
Restvaluta nach 10 Jah- ren	€ 132.979	€ 81.914	€ 51.065
Zinslast nach 10 Jahren	€ 35.479	€ 29.414	€ 6.065

Sie können an den Ergebnissen für die Laufzeit des Darlehens bis zur **Volltilgung** und an der Gesamtzinslast dieses Beispiels sehen, dass eine um 3 % höhere anfängliche Tilgung sich ganz erheblich auswirkt: Bei anfänglich 4 % Tilgung kann die Laufzeit gegenüber anfänglich 1 % Tilgung um mehr als 20 Jahre verkürzt werden und die Gesamtzinslast verringert sich um beachtliche € 67.528.

Bei der Strukturierung Ihres Darlehens für den Immobilienkauf sollten Sie daher Ihr Augenmerk darauf

---

[49] Es wird vereinfachend unterstellt, dass der Darlehenszinssatz für die gesamte Laufzeit des Darlehens konstant 2,5% pro Jahr beträgt. Diese Annahme führt zu realistischen Ergebnissen, wenn über die Gesamtlaufzeit der Zinssatz um diesen Wert herum pendelt. Außerdem entspricht dieser Berechnungsmodus den Vorgaben der Preisangabenverordnung.

richten, von Anfang an eine möglichst hohe Tilgung dar zu stellen. Auch in diesem Punkte können sich relativ überschaubare Differenzbeträge bei der monatlichen Belastung über die Gesamtlaufzeit zu extremen Effekten aufsummieren wie das obige Rechenbeispiel eindrucksvoll zeigt.

An dieser Stelle möchte ich mit einem allgemein verbreiteten Vorurteil aufräumen, dass bei Renditeimmobilien eine möglichst hohe Darlehenszinslast angestrebt werden sollte, weil die Darlehenszinsen als Werbungskosten von der Steuer abgesetzt werden können. Es ist zwar richtig, dass Darlehenszinsen bei vermieteten Immobilien von der Steuer abgesetzt werden können. Das heißt aber noch lange nicht, dass es vorteilhaft ist, möglichst hohe Belastungen mit Darlehenszinsen anzustreben. Denn über die Absetzung von der Steuer kann man nur Steuerersparnisse in Höhe von maximal dem Spitzensteuersatz erreichen. Es ist daher ein Verlustgeschäft, mehr Zinsen zu zahlen, weil man nur einen Bruchteil der Kosten über Steuerersparnisse wieder hereinholen kann. Es sollte daher selbstverständlich angestrebt werden, das Darlehen möglichst zügig zu tilgen und damit die Gesamtzinslast zu reduzieren.

Eine zügige Tilgung ist auch ein wichtiger Baustein für die Risikosteuerung. Denn das Risiko eines erhöhten Anschlusszinssatzes nach Auslaufen der ersten Festzinsperiode steigt, wenn die Tilgung mikroskopisch klein ist. Wenn Sie das Darlehen hingegen möglichst zügig tilgen, bezieht sich ein höherer Anschlusszinssatz auf eine geringere Restvaluta des Darlehens. Das begrenzt das Risiko einer Kostensteigerung der Darlehensfinanzierung, die bei einer ungünstigen Entwicklung die gesamte Kalkulation einer Renditeimmobilie sogar in den negativen Bereich ziehen kann.

c) Länge der Zinsfestschreibung

Bei einem Immobiliendarlehen legt die Länge der Zinsfestschreibung fest, wie viele Jahre der bei Abschluss gültige Zinssatz für das Darlehen konstant bleibt. Da die Laufzeiten von Immobiliendarlehen auch Zeiträume von über 20 Jahren erreichen, wird der Zinssatz im Normalfall nicht von Anfang an für die ganze Zeit fixiert, sondern zunächst nur für die ersten 5, 10 oder 15 Jahre. In Ausnahmefällen kommen auch längere Zinsfestschreibungen vor. Nach Auslaufen der ersten Festzinsperiode wird dann ein neuer Festzinssatz für eine weitere Periode festgeschrieben oder das Darlehen wird zurückgezahlt. Bei sehr lang laufenden Finanzierungen können auch mehrere Festzinssatzanpassungen hintereinander erfolgen.

Bei Inanspruchnahme eines Darlehens werden von der Bank grundsätzlich die zur Zeit des Vertragsabschlusses aktuellen Marktzinsen für den Kredit zugrunde gelegt, wobei es eine gewisse Streubreite unter den Anbietern gibt. Die von den Banken angebotenen Zinssätze hängen von den Refinanzierungsmöglichkeiten an den Kapitalmärkten ab, die die „Einkaufspreise" der Banken für die Eindeckung mit Geld darstellen. Auf diese „Einkaufspreise" sattelt die Bank eine Marge und Risikokosten auf, woraus sich dann der Nominalzinssatz ergibt, der dem Bankkunden angeboten wird.

Der Kreditnehmer muss sich bei Abschluss eines Darlehens entscheiden, wie lang er die erste Zinsfestschreibung wählt. Eine längere Zinsfestschreibung ist dabei mit einem Zinsaufschlag verbunden. Grund dafür ist, dass die Bank die längere Bindung an einen Festzinssatz laufzeitkongruent an den Kapitalmärkten refinanzieren und dafür höhere „Einkaufspreise" zahlen muss.

Es gibt sowohl wirtschaftliche Argumente für eine möglichst lange Zinsfestschreibung als auch Argumente für eine möglichst kurze Zinsfestschreibung. Ausschlaggebend ist das aktuelle Marktzinsniveau bei Abschluss des Darlehens und die Erwartung der zukünftigen Zinsentwicklung an den Kapitalmärkten. In einer historischen Niedrigzinsphase spricht vieles dafür, dass die Zinsen mittelfristig bis langfristig wieder ansteigen werden, was ein Argument dafür wäre, die Zinsfestschreibung möglichst lang zu wählen, um sich das niedrige Zinsniveau lange zu sichern und sich gegen einen Anstieg der Darlehenszinsen zu wappnen. In einer historischen Hochzinsphase hingegen ist die Wahrscheinlichkeit größer, dass die Zinsen mittelfristig bis langfristig sinken werden. Das spricht eher dafür, kürzere Zinsbindungsfristen zu wählen, um sich nach Auslaufen der Zinsbindung möglichst zeitnah und ohne Vorfälligkeitsentschädigung auf ein niedrigeres Zinsniveau herunterschleusen zu können. Da die Entwicklung des Zinsniveaus an den Kapitalmärkten nicht sicher vorhergesagt werden kann, wird der Kreditnehmer nur später in der Rückschau wirklich sicher wissen, ob er es richtig gemacht hat.

Darüber hinaus spielt bei Ferienimmobilien der angepeilte Anlagezeitraum eine Rolle. Wenn Sie planen, die Immobilie nach 10 Jahren wieder zu verkaufen, dann wäre es natürlich nicht sinnvoll, eine Zinsfestschreibung für 15 oder 20 Jahre zu vereinbaren. Das ist schon deshalb nicht sinnvoll, weil das zu höheren Aufschlägen auf den Zinssatz führt.

Sie fragen sich als Leser an dieser Stelle vielleicht, warum man bei fallenden Zinsen nach Abschluss des Kreditvertrages nicht einfach vor Ablauf der Zinsbindungsfrist auf das gesunkene Marktzinsniveau wechseln kann. Die Antwort auf diese Frage fällt ebenso eindeutig wie unbefriedigend aus: Eine vorzeitige Rückzahlung des Darlehens vor Ablauf einer Festzinsperiode ist leider nur gegen eine **Vorfälligkeitsentschädigung** möglich.

Die Vorfälligkeitsentschädigung wird von der Bank in Rechnung gestellt als Kompensation für die Aufgabe der vertraglichen Festlegung auf das Zeitfenster der Zinsfestschreibung. Die Bank hat ihrerseits Dispositionen mit Vertragspartnern an den Kapitalmärkten getroffen, um sich das ausgeliehene Geld zu bestimmten Konditionen zu beschaffen. Die Auflösung dieser getroffenen Dispositionen ist für die Bank mit Kosten verbunden. Darüber hinaus führt die vorzeitige Auflösung der Festzinssatzbindung für die Bank zu einem entgangenen Gewinn, den sie ansonsten bis zum Ende der Zinsbindung eingefahren hätte. Diese beiden Positionen stellt die Bank dem Darlehensnehmer als so genannte Vorfälligkeitsentschädigung in Rechnung und macht die Bezahlung zur Bedingung für eine Auflösung der wechselseitigen vertraglichen Bindung an die Festzinsperiode. Die Vorfälligkeitsentschädigung kann erhebliche Summen erreichen, so dass Sie alles versuchen sollten, diese zu vermeiden.

Sollten Sie in eine Situation geraten, in der Sie um eine Vorfälligkeitsentschädigung nicht herumkommen, so dürfte es ratsam sein, fachliche Hilfe in Anspruch zu nehmen, um die Rechtmäßigkeit und die Höhe der Vorfälligkeitsentschädigung überprüfen zu lassen. Die praktische Erfahrung lehrt, dass es vorkommt, dass Berechnungen von Vorfälligkeitsentschädigungen durch Banken fehlerhaft und überhöht sind. Eine erste Orientierung kann ein Excel-Rechentool geben, das auf der Internetseite der Stiftung Warentest kostenlos zur Nutzung bereitgehalten wird.[50]

Aus diesen Überlegungen folgt die Erkenntnis, dass eine lange Zinsbindungsfrist auch Nachteile mit sich bringt, da Sie als Kreditnehmer bei einer vorzeitigen Rückzahlung eine Vorfälligkeitsentschädigung zahlen müssen und damit für einen längeren Zeitraum unflexibel bleiben, das Darlehen vorzeitig zurückzuzahlen oder eine Umschuldung durchzuführen. Das wird Sie besonders ärgern wenn Sie freie Mittel haben und diese nicht zur vorzeitigen Rückzahlung einsetzen dürfen. Des Wei-

---

[50] Weiterführende Informationen und das Rechentool finden Sie unter dem folgenden Kurzlink: https://goo.gl/n299CT

teren ist zu berücksichtigen, dass Banken eine besonders lange Zinsfestschreibung in der Regel mit einem höheren Zinsaufschlag auf das Marktzinsniveau versehen, d.h. je länger die Zinsbindung, desto höher der Zinsaufschlag auf das aktuelle Marktniveau.

In diesem Zusammenhang möchte ich Sie auf eine Besonderheit hinweisen, die für Sie wichtig werden kann, wenn Sie Zinsfestschreibungen eingegangen sind, die länger als 10 Jahre dauern. Der Gesetzgeber räumt dem Darlehensnehmer nach 10 Jahren ein kostenfreies Sonderkündigungsrecht ein.[51] Dieses Sonderkündigungsrecht kann vertraglich nicht ausgeschlossen werden und besteht daher immer, egal was die Bank in das *„Kleingedruckte"* hineinschreibt.

Bei Ausübung dieses Sonderkündigungsrechtes müssen Sie auch dann **keine** Vorfälligkeitsentschädigung an die Bank zahlen, wenn die Zinsbindungsfrist noch nicht ausgelaufen ist. Wenn Sie also eine Zinsbindung von 15 oder 20 Jahren eingegangen sind und nach 10 Jahren feststellen, dass der vertragliche Festzinssatz deutlich höher liegt als der aktuelle Marktzins, haben Sie hiermit eine Möglichkeit, nach 10 Jahren kostenfrei die Reißleine zu ziehen und den Kreditvertrag entschädigungsfrei zu kündigen.

---

[51] Das ist in § 489 BGB geregelt.

d) Vertragliche Sondertilgungsrechte

Ein weiterer wichtiger Punkt bei den Konditionen eines Annuitätendarlehens mit Festzinssatzbindung sind vertragliche **Sondertilgungsrechte**. Dabei handelt es sich um das Recht des Kreditnehmers, jährlich einen bestimmten Prozentsatz des anfänglichen Darlehensbetrages außerplanmäßig zurückzuzahlen, **ohne** eine Vorfälligkeitsentschädigung zahlen zu müssen.

Der Kreditvertrag beinhaltet ja die Überlassung der Kreditsumme auf Zeit und legt eine bestimmte zeitliche Staffelung der Rückzahlung des Geldes in monatlichen Raten fest. Ein vertragliches Sondertilgungsrecht greift in diesen starren „Fahrplan" ein, indem der Darlehensnehmer die Option erhält, davon abweichend Teile der Darlehenssumme vorzeitig an die Bank zurück zu zahlen, ohne eine Vorfälligkeitsentschädigung zahlen zu müssen. Der Kreditnehmer kann also jedes Jahr frei entscheiden, ob er den vertraglich vereinbarten Sondertilgungsbetrag außer der Reihe tilgt oder nicht.

Daher bieten sich Sondertilgungsrechte immer dann an, wenn Sie als Kreditnehmer vorher noch nicht wissen, ob Sie zukünftig hinreichend freie Mittel haben werden, um eine erhöhte Tilgung zu schultern und darüber erst später entscheiden können oder wollen. Das kann bei Ferienimmobilien besonders hilfreich sein, wenn Sie schwer abschätzen können, welcher Instandhaltungsaufwand in den nächsten 10 Jahren auf Sie zukommt. Darüber hinaus haben Sie die Unsicherheit, dass Sie die Auslastung der

Ferienimmobilie bei einer Vermietung nur schwer prognostizieren können.

Der Vorteil einer Sondertilgung ergibt sich daraus, dass sich diese sofort zinsmindernd auswirkt, weil die Bemessungsgrundlage für die Zinsen sofort abnimmt. Darüber hinaus ändert sich zu Gunsten des Darlehensnehmers das Verhältnis von Zins- und Tilgungsanteil der monatlich gleich bleibenden Raten sofort, d.h. der Zinsanteil der monatlichen Rate sinkt und der Tilgungsanteil steigt an. Das kann die Laufzeit und die Gesamtzinslast ganz erheblich reduzieren.

Die nachfolgende Berechnung greift das oben vorgestellte Beispiel auf und nimmt statt einer erhöhten anfänglichen Tilgung eine jährliche Sondertilgung bei der Variante 2 an (siehe grau hinterlegte Felder):

	Variante 1	Variante 2	Diffe-renz
Kreditbetrag	€ 150.000	€ 150.000	
Zinssatz nominal p. a.[52]	2,5 %	2,5 %	
anfängliche Tilgung p. a.	1,00 %	1,00 %	
Sondertilgung in % des Kreditbetrages	0,00 %	5,00 %	5,00 %
Sondertilgung in € p. a.[53]	€ 0	€ 7.500	€ 7.500
Monatliche Rate	€ 438	€ 438	
Laufzeit bis Volltilgung	40 Jahre	14,2 Jahre	25,8 Jahre
Gesamtzinslast bis Volltilgung	€ 107.073	€ 29.238	€ 77.835
Restvaluta nach 10 Jahren	€ 132.979	€ 48.826	€ 84.153
Zinslast nach 10 Jahren	€ 35.479	€ 26.326	€ 9.153

Wie Sie aus diesem Berechnungsbeispiel ersehen können, verkürzt sich durch eine jährliche Sondertilgung in Höhe von 5 % des ursprünglichen Darlehensbetrages die Laufzeit des Darlehens um mehr als 25 Jahre und die Gesamtzinslast reduziert sich auf weniger als ein Drittel.

---

[52] Es wird vereinfachend unterstellt, dass der Darlehenszinssatz für die gesamte Laufzeit des Darlehens konstant 2,5% pro Jahr beträgt. Diese Annahme führt zu realistischen Ergebnissen, wenn über die Gesamtlaufzeit der Zinssatz um diesen Wert herum pendelt. Außerdem entspricht dieser Berechnungsmodus den Vorgaben der Preisangabenverordnung.

[53] Es wird bei der Berechnung unterstellt, dass die Sondertilgung im Dezember eines jeden Jahres erfolgt.

Nach 10 Jahren ergeben sich Einspareffekte in Höhe von insgesamt € 18.306 aus einer geringeren Zinslast (= € 9.153) und einer günstigeren Tilgung (= € 9.153).

Selbst wenn Sie sich für eine erhöhte anfängliche Tilgung entscheiden, so können Sie durch die zusätzliche Einräumung von vertraglichen Sondertilgungsrechten die Gesamtzinslast und die Laufzeit des Darlehens nochmals erheblich reduzieren, wenn Sie später mehr Liquidität zur Verfügung haben als Sie geplant hatten. Sie sollten daher auf keinen Fall auf die Einräumung eines Sondertilgungsrechtes verzichten.

Bei der Verhandlung von Sondertilgungsrechten rate ich Ihnen jedoch auch, diese in realistischer Höhe zu verhandeln, da die Banken sich besonders hohe Sondertilgungsrechte durch Aufschläge auf den Zinssatz vergüten lassen. Es wäre daher nicht sinnvoll, wenn Sie ein Sondertilgungsrecht in Höhe von jährlich 10 % des Darlehensbetrages mit einer Verschlechterung des Nominalzinssatzes erkaufen, aber absehbar ist, dass Sie davon maximal 5 % werden ausnutzen können. Eine vorausschauende und realistische Liquiditätsplanung ist hier Voraussetzung für die Verhandlung von optimal dimensionierten Sondertilgungsrechten.

Nach meiner Erfahrung ist die Vereinbarung eines jährlichen Sondertilgungsrechtes in Höhe von 5 % ohne Zinssatzverschlechterung mittlerweile Marktstandard. In diesem Punkte sollten Sie daher bei den Verhandlungen mit Banken keine Schwierigkeiten bekommen.

e) Variabler Zinssatz

Abschließend möchte ich noch auf den Sonderfall zu sprechen kommen, dass auf eine Zinsbindung ganz verzichtet und mit einem variablen Zinssatz operiert wird. Das bedeutet im Ergebnis, dass der bei Vertragsschluss vereinbarte Zinssatz nur eine Momentaufnahme darstellt und schnelle Änderungen vorprogrammiert sind.

Die Bank wird den Zinssatz erhöhen, sobald die Marktzinsen steigen und senken sobald die Marktzinsen sinken. Der Zinssatz für ein Darlehen mit variabler Verzinsung ist im Regelfall niedriger als der Zinssatz bei einer Zinsfestschreibung für einige Jahre, da die Bank nicht längerfristig disponieren muss, sondern Marktschwankungen sofort an den Kreditnehmer weitergeben kann.

Die Wahl eines variablen Zinssatzes bietet sich insbesondere in einer extremen Hochzinsphase an, wenn mit hoher Wahrscheinlichkeit kurzfristig bis mittelfristig eine Zinssenkung zu erwarten ist. Dann kann der Darlehensnehmer so lange mit einer Zinsfestschreibung warten, bis der Marktzins auf ein erträglicheres Niveau gefallen ist. Denn ein Darlehen mit variablem Zinssatz kann jederzeit ohne Vorfälligkeitsentschädigung zurückgezahlt werden, wobei allerdings eine Kündigungsfrist von 3 Monaten einzuhalten ist. Sie sollten darauf achten, dass im Kreditvertrag mit variablem Zinssatz schon die Option des Kreditnehmers vorgesehen ist, diesen auf einen Vertrag mit Festzinssatz umzustellen.

Steigt der Marktzins entgegen der Erwartungen weiter, geht diese Rechnung natürlich nicht mehr auf, so dass auch hier ein Risiko verbleibt. Ein variabler Zinssatz hat den Nachteil für Sie als Darlehensnehmer, dass Sie keine Planungssicherheit haben und, dass sich die monatlichen Belastungen erhöhen, wenn der Zinssatz ansteigt. Daher ist ein variabler Zinssatz für einen Immobilienkredit überhaupt nur dann zu verantworten, wenn entweder die Kapitaldienstfähigkeit der finanzierten Immobilie sehr komfortabel ist oder wenn der Darlehensnehmer erheblichen finanziellen Spielraum hat, um Mehrbelastungen aufzufangen. Andernfalls droht eine Kündigung des Kredites und eine Zwangsversteigerung der Immobilie, wenn der Kreditnehmer die steigenden Belastungen nicht schultern kann und in Verzug gerät mit der Zahlung der Kreditraten.

f) Forward-Darlehen

Seit Mitte der neunziger Jahre wird darüber hinaus noch das **Forward-Darlehen** als Variante angeboten. Bei Lichte betrachtet handelt es sich dabei jedoch nicht um eine eigene Darlehensform, sondern lediglich um einen zeitlich vorverlagerten Abschluss eines Annuitätendarlehens mit Festzinssatzbindung. Die Zeitspanne zwischen dem Vertragsabschluss und dem gewählten Laufzeitbeginn des Forward-Darlehens wird als Forward-Periode bezeichnet. Sie kann mehrere Jahre betragen und wird mit einem Zinsaufschlag auf das aktuelle Marktzinsniveau erkauft. Eine solche Vereinbarung bietet sich dann an, wenn das Marktzinsniveau nach der Erwartung des Darlehensnehmers einen relativen Tiefpunkt erreicht hat und bis zum Ende der noch laufenden Festzinsperiode mit einem Ansteigen der Marktzinsen gerechnet wird. In dieser Situation kann es sinnvoll sein, mit dem Abschluss einer neuen Festzinssatzperiode nicht bis zum Ablauf der laufenden Festzinsperiode zu warten, sondern ein Forward-Darlehen abzuschließen. Die Forward-Periode ist in diesem Fall deckungsgleich mit der Restlaufzeit der laufenden Festzinsperiode. Steigt das Marktzinsniveau erwartungsgemäß signifikant an, erlangt der Darlehensnehmer mit dem Forward-Darlehen dann einen Zinssatz unterhalb des bei Auslaufen der Festzinsperiode gültigen Marktniveaus. Da man aber an das Forward-Darlehen gebunden und zu deren Abnahme verpflichtet ist, kann sich ein Forward-Darlehen in der Rückschau auch als schlechtes Geschäft herausstellen, wenn die Zinsen entgegen der Erwartung gefallen oder gleich geblieben sind. Darlehensnehmer bezahlen in diesem Fall mit dem Forward-Darlehen also höhere Zinsen als wenn das Darlehen erst nach Auslaufen der Festzinsbindung mit einem neuen Festzins versehen und die Fixierung nicht vorgezogen worden wäre. Nimmt der Darlehensnehmer das Darlehen dann nicht ab, so muss er an die Bank eine Nichtabnahmeentschädigung zahlen. Die Nichtabnahmeentschädigung wird identisch berechnet wie die Vorfälligkeitsentschädigung.

IV. STEUERN IN DEN USA

Beim Kauf einer Ferienimmobilie werden Sie auch mit steuerrechtlichen Themen konfrontiert. Als Eigentümer einer Ferienimmobilie in den USA unterliegen Sie verschiedentlichen Steuerpflichten. Dazu gehören die Grunderwerbsteuer beim Erwerb, laufende Grundsteuern und schließlich Steuern auf einen Veräußerungsgewinn („capital gain"), wenn Sie die Immobilie mit einem Gewinn später verkaufen.

Wenn Sie die Immobilie vermieten, müssen Sie darüber hinaus laufend Einkommensteuer („income tax") bezahlen. Die Einzelheiten finden Sie in den nachfolgenden Ausführungen weiter aufgeschlüsselt.

1. Grunderwerbsteuer
(„Real Property Transfer Tax")

Die Grunderwerbsteuer trägt in den USA viele Namen. Als Oberbegriff hat sich die Bezeichnung „Real Property Transfer Tax" eingebürgert.

Bei Lichte betrachtet setzt sich diese Steuer aus verschiedenen Positionen zusammen, die auf Ebene eines Bundesstaates, eines County und schließlich auf Ebene einer Kommune („municipality") erhoben werden. Aus der Summe der Steuern auf diesen drei Ebenen ergibt sich dann die Gesamtbelastung mit „Real Property Transfer Tax".

Die Bandbreite der gesamten Belastung der „Real Property Transfer Tax" ist mit 0 – 4 % relativ groß. Die konkrete Belastung hängt letztendlich von der Steuerpolitik des County und der Kommune ab, in der die Immobilie liegt. Daher ergibt sich eine flickenteppichartige Struktur und im Ergebnis eine große Bandbreite der Grunderwerbsteuerbelastung. Es gibt Bundesstaaten, in denen überhaupt keine „Real Property Transfer Tax" anfällt (z.B. Alaska, Idaho, Indiana, Louisiana, Mississippi, Missouri, Montana, New Mexico, North Dakota, Texas, Utah und Wyoming).

Insgesamt ist die Grunderwerbsteuer jedoch in den USA erfreulich niedrig im Vergleich zur Steuerlast in Deutschland. Eine gute Übersicht der Steuersätze für einzelne Bundesstaaten finden Sie auf der Internetseite der National Conference of State Legislatures (NCSL).[54]

2. Grundsteuern („Real Property Tax")

In den meisten Bundesstaten müssen Sie als Eigentümer einer Immobilie jährlich Grundsteuern („real property tax") bezahlen.

Diese Steuer beträgt in der Summe zwischen 0,27 % (Hawaii) und 2,35 % (New Jersey).[55] Sie bezieht sich auf den Immobilienwert und fällt jährlich an. Relevant ist dabei der Wert zum Stichtag 1. Januar des Vorjahres. Sie wird nicht vom Bundesstaat erhoben, sondern auf County – Ebene und/oder auf Ebene einer Kommune. Die oben angegebenen Prozentsätze beziehen sich auf die Summe aller Grundsteuern in einem Bundesstaat. Da jede Gemeinde („municipality") und jeder County den Steuersatz selbst festsetzen kann, gibt es in einem Bundesstaat viele unterschiedliche Steuersätze.

Die Grundsteuer ist ein durchaus beachtlicher Kostenblock. Sie liegt deutlich höher als die Grundsteuerbelastung in Deutschland. Die Belastung wird jedoch relati-

---

[54] Ich verweise dazu auf die folgende Internetseite: https://goo.gl/t63hGI

[55] Ich verweise dazu auf einen Artikel in der New York Times vom 10.03.2017 (https://goo.gl/j3UEg4) und auf eine Zusammenstellung von WalletHub vom 01.03.2017 (https://goo.gl/sYiL32).

viert durch den Umstand, dass sie auch bei der Eigennutzung der Immobilie in den meisten Bundesstaaten von der Einkommensteuer abgesetzt werden kann. Davon profitieren in erster Linie die Eigentümer, die eine Immobilie als Hauptwohnsitz bewohnen und daher andere verrechenbare Einkünfte in den USA beziehen. Wenn Sie hingegen eine Ferienimmobilie als nichtresidenter Ausländer in den USA haben und diese nicht vermieten, dann haben Sie keine steuerpflichtigen Einkünfte, die durch die gezahlte Grundsteuer reduziert werden könnten, um Ihre Einkommensteuerlast zu senken.

Wenn Sie herausfinden wollen, welche Grundsteuer auf Sie zukommen würde im Falle des Kaufs einer Immobilie, dann sollten Sie sich vom Verkäufer die Grundsteuerbescheide der vergangenen Jahre vorlegen lassen. Sie müssen allerdings damit rechnen, dass die Grundsteuer ansteigt, weil der Verkauf für die zuständigen Behörden Veranlassung ist, den relevanten Immobilienwert neu festzulegen. Das kann zu einer Anhebung führen und damit eine höhere Steuer nach sich ziehen. Daher sollten Sie auch den Steuersatz in Erfahrung bringen und diesen ins Verhältnis zu dem Kaufpreis setzen, um eine Einschätzung zu gewinnen, wo die Grundsteuerbelastung ungefähr liegen wird.

Die Grundsteuerbescheide werden in den meisten Bundesstaaten Anfang November eines Jahres verschickt. Die Zahlung wird erst Ende März des Folgejahres fällig. Für eine frühzeitige Zahlung gibt es häufig einen Preisnachlass. In Florida erhalten Sie zum Beispiel einen

Rabatt von 4 %, wenn Sie bereits im November zahlen, von 3 % bei Zahlung im Dezember, von 2 % bei Zahlung im Januar und von 1 % bei Zahlung im Februar.

3. Einkommensteuer („Income Tax")

Wenn Sie Ihre Ferienimmobilie in den USA vermieten, sind die Mieteinkünfte grundsätzlich steuerpflichtig und beim örtlich zuständigen Finanzamt („Internal Revenue Service" – kurz: IRS) in einer Steuererklärung zu deklarieren. Wenn die Vermietung für nicht mehr als 14 Tage pro Kalenderjahr erfolgt, verzichten einige Bundesstaaten (z.B. Florida) auf die Besteuerung und die Abgabe einer Steuererklärung. Wenn Sie diese Grenze reißen, sind Sie mit Ihren Mieteinkünften steuerpflichtig und müssen eine US Social Security Number beantragen und eine Steuererklärung abgeben. Das gilt auch dann, wenn Sie „nur" als nichtresidenter Ausländer einzustufen sind und Ihren Hauptwohnsitz weiterhin in Deutschland haben. Die Steuererklärung ist auf dem für nicht-residente Ausländer vorgesehenen Formular 1040NR einzureichen.[56]

Es besteht allerdings die Besonderheit, dass Ihr Mieter bzw. der Verwalter Ihrer Ferienimmobilie verpflichtet

---

[56] Weiterführende Informationen und das Formular für die Steuererklärung finden Sie auf der Internetseite des IRS unter dem folgenden Kurzlink: https://goo.gl/oOeqmM

ist, 30 % der Miete einzubehalten und an das Finanzamt in den USA abzuführen („withholding tax"), weil Sie ein nichtresidenter Vermieter sind. Wenn der Mieter bzw. der Verwalter das brav getan hat, bräuchten Sie eigentlich keine Steuererklärung mehr abzugeben. Es ist jedoch in aller Regel sinnvoll, freiwillig eine Steuererklärung zu machen. Denn die pauschale Besteuerung mit 30 % ist viel zu hoch, weil abziehbare Werbungskosten nicht berücksichtigt sind.[57] So können Sie die Steuern auf die Mieteinnahmen in der Regel auf einen sehr niedrigen Steuersatz drücken oder ganz vermeiden.

Bei der Steuererklärung haben Sie ein Wahlrecht, ob Sie die (großzügig bemessenen) Pauschalbeträge in Anspruch nehmen oder die Werbungskosten konkret berechnen und belegen. Die Pauschalbeträge für 2016 betragen für Singles US-$ 6.300 und für Ehegatten US-$ 12.600.[58] Eine konkrete Berechnung ist natürlich nur dann sinnvoll, wenn die tatsächlichen Beträge von Werbungskosten höher sind als diese Pauschalbeträge.[59]

---

[57] Weiterführende Informationen finden Sie auf der Internetseite des IRS unter dem folgenden Kurzlink: https://goo.gl/fqt2QS

[58] Ich verweise dazu auf die Internetseite des IRS, die Sie unter dem folgenden Kurzlink finden: https://goo.gl/oJsTVi

[59] Weiterführende Informationen (insbesondere eine Auflistung von abziehbaren Werbungskosten) finden Sie auf der Internetseite des IRS unter dem folgenden Kurzlink: https://goo.gl/vBVrHG

In Deutschland sind die aus der Ferienimmobilie in den USA erzielten Mieteinkünfte nach den Regelungen des einschlägigen Doppelbesteuerungsabkommens von der Besteuerung freigestellt.[60] Sie unterliegen lediglich einem Progressionsvorbehalt, d.h. sie sind selbst nicht steuerpflichtig, können jedoch den persönlichen Steuersatz in Deutschland erhöhen. Bei der Erklärung der Einkommensteuer in Deutschland sind daher die Mieteinnahmen aus der Ferienimmobilie in den USA anzugeben.

In einigen Bundesstaaten (z.B. Florida) können Sie Darlehenszinsen und Grundsteuern auch dann von der Steuer absetzen, wenn Sie die Immobilie selbst nutzen und gar nicht vermieten. Das gilt erfreulicherweise auch für eine Ferienimmobilie und nicht nur für den Hauptwohnsitz. Allerdings müssen Sie die Ferienimmobilie mindestens 15 Tage pro Jahr selbst nutzen, um in den Genuss dieser Werbungskosten zu kommen.[61] Das ist insgesamt eine sehr großzügige und attraktive Regelung. Davon haben Sie jedoch nur dann etwas, wenn Sie in den USA tatsächlich steuerpflichtiges Einkommen haben. Mit anderen Worten: Nur wenn Sie die Ferienimmobilie

---

[60] Das ergibt sich aus Artikel 6 und Artikel 23 Abs. 3 des Doppelbesteuerungsabkommens zwischen Deutschland und den USA in der Fassung vom 04.06.2008. Den Text des Doppelbesteuerungsabkommen finden Sie im Internet unter dem folgenden Kurzlink: https://goo.gl/h6aLsP

[61] Weiterführende Informationen finden Sie auf der Internetseite des IRS unter dem folgenden Kurzlink: https://goo.gl/pGjzX2

zeitweise vermieten und daraus Einkünfte erzielen, bringt Ihnen die Absetzbarkeit der Darlehenszinsen und der Grundsteuern etwas. Das ist ein gutes Argument, die Ferienimmobilie zumindest zeitweise zu vermieten. Durch die Verrechnung mit Darlehenszinsen und Grundsteuern können Sie die Miete damit in der Regel (annähernd) steuerfrei vereinnahmen. Wenn sich Verluste ergeben, können diese vorgetragen und mit künftigen Mieteinkünften verrechnet werden. Darüber hinaus können diese später im Verkaufsfall einen steuerpflichtigen Veräußerungsgewinn („capital gain")[62] mindern.

Dann gibt es in einigen Staaten (z.B. Florida) noch eine Steuer, die etwas seltsam anmutet. Die Rede ist von der „Tangible Personal Property Tax". Sie fällt auf das Mobiliar einer zur Vermietung angeschafften Ferienimmobilie an. Sie wird auf Ebene eines County erhoben und ist in jedem County anders. Sie sollten daher alle Quittungen für den Erwerb von Mobiliar für die Ferienimmobilie aufbewahren.[63]

---

[62] Weitere Informationen zu Steuern auf Veräußerungsgewinne („capital gain") finden Sie weiter unten im Abschnitt C. IV. 4.

[63] Weiterführende Informationen finden Sie auf der folgenden Internetseite: http://floridarevenue.com/dor/property/tpp/

4. Steuern auf Veräußerungsgewinne ("Capital Gains Tax")

In den USA sind Veräußerungsgewinne bei Immobilien grundsätzlich einkommensteuerpflichtig. Eine Spekulationsfrist wie in Deutschland, nach der Veräußerungsgewinne steuerfrei vereinnahmt werden können, gibt es leider in den USA nicht.

Es gibt lediglich Freibeträge in Höhe von US-$ 500.000 für Ehegatten bzw. US-$ 250.000 für Singles. Der Haken an der Sache ist, dass diese Freibeträge nur dann zur Anwendung kommen, wenn die Immobilie der **Hauptwohnsitz** ist und in den vorhergehenden 5 Jahren mindestens 2 Jahre lang (nicht zwingend zusammenhängend) als solcher genutzt worden ist.[64] Diese Voraussetzung erfüllen Sie als nichtresidenter Ausländer natürlich nicht, so dass Sie im Normalfall keine Chance haben, in den Genuss des Freibetrages zu kommen. Sie müssten die hohen Hürden nehmen, um ein Visum als residenter Ausländer zu erhalten. Dass das nicht so einfach ist, hatte ich weiter oben im Abschnitt C. II. 2. erklärt.

---

[64] Ich verweise dazu auf die folgende Internetseite: https://goo.gl/hKsqhc

Der Veräußerungsgewinn wird wie folgt berechnet:

	Verkaufspreis
-	Kaufnebenkosten
+	Kosten für Instandsetzungen / Verbesserungen
-	Verkaufskosten (z.B. Maklerprovision)
+	Kumulierte Abschreibungen („depreciation deductions")
=	Veräußerungsgewinn („capital gain")

Die Höhe des Steuersatzes auf einen Veräußerungsgewinn hängt auch von der Haltedauer der Immobilie ab. Wenn Sie die Immobilie nicht länger als 12 Monate gehalten haben, kommt der normale Einkommensteuersatz zur Anwendung, der in Abhängigkeit von der Höhe des Einkommens verschiedene Steuersatzstufen hat.[65] Bei längerer Haltedauer kommen in Abhängigkeit von der Höhe

---

[65] Weitere Details und insbesondere Tabellen mit den aktuellen Einkommensteuersätzen finden Sie auf der folgenden Internetseite: https://goo.gl/Px8AdN

des sonstigen zu versteuernden Einkommens niedrigere Sätze von 0 – 20% zur Anwendung.[66]

Die „capital gains tax" kann Sie noch an einer anderen Stelle betreffen. Als Käufer einer Immobilie sind Sie in den meisten Bundesstaaten verpflichtet, einen Anteil von bis zu 15 % vom Kaufpreis einzubehalten und an das zuständige Finanzamt abzuführen („withholding tax"), wenn der Verkäufer in den USA ein nichtresidenter Ausländer ist.[67] Der Einbehalt dient der Absicherung des Staates im Hinblick auf die Verpflichtung des Verkäufers, einen beim Verkauf realisierten Veräußerungsgewinn zu versteuern. Wenn Sie dieser Verpflichtung nicht nachkommen, haften Sie gegenüber dem US-amerikanischen Finanzamt für einen etwaigen Steuerausfall. Sie sollten sich daher unbedingt an diese Verpflichtung halten.

5. Umsatzsteuer („Sales Tax")

Die Umsatzsteuer ist in den USA (anders als in Deutschland) keine Bundessteuer. Sie wird vielmehr in den Bundesstaaten erhoben und dort in der Regel von jedem County. Das führt dazu, dass diese Steuer von County zu County unterschiedlich sein kann. In Florida z.B. variiert sie von 6,5 % bis 7,5 %.

---

[66] Ich verweise dazu auf eine Internetseite des IRS mit weiterführenden Informationen: https://goo.gl/BZdqPV

[67] Ich verweise dazu auf eine Internetseite des IRS mit weiterführenden Informationen: https://goo.gl/OFvsAs

Die Umsatzsteuer betrifft Sie dann, wenn Sie Ihre Ferienimmobilie kurzfristig auf Tages- und Wochenbasis an Touristen vermieten bzw. durch eine Agentur an Touristen vermieten lassen. Erst ab einer Vermietungsdauer von mehr als 6 Monaten fällt keine Umsatzsteuer an. Wenn Sie entsprechend vermieten wollen, Sie müssen Sie eine Umsatzsteuernummer beantragen und monatlich Umsatzsteuererklärungen machen, die spätestens am 20. Tag des Folgemonats einzureichen sind.

V. Vermietung der Ferienimmobilie

Ein wichtiges Thema ist die Vermietung der Ferienimmobilie. Wenn Sie diese nur gelegentlich im Urlaub nutzen, dann ist es naheliegend, über eine Vermietung nachzudenken. Wenn Sie auf die Eigennutzung nicht verzichten wollen, kommt nur eine kurzfristige Vermietung an Touristen in Frage. Diese muss organisiert werden und es gibt rechtliche und steuerrechtliche Anforderungen.

Denkbar ist auch eine langfristige Vermietung zur Erzielung einer Rendite wie bei einer „normalen" Wohnimmobilie. Auch bei dieser Variante stellen sich rechtliche Fragen (insbesondere Wohnraummietrecht in den USA) und steuerrechtliche Fragen. Allerdings eignen sich typische Ferienimmobilien in Ferienorten in der Regel nicht für die langfristige Vermietung als Wohnung.

1. Kurzfristige Vermietung an Touristen

In diesem Zusammenhang erinnere ich noch einmal daran, dass Sie bei einer Eigentumswohnung („condominium property") prüfen müssen, ob die kurzfristige Vermietung an Touristen nach der Satzung der Eigentümergemeinschaft überhaupt zulässig ist.[68]

a) Kriterien für Ferienimmobilie als Kapitalanlage

Die kurzfristige Vermietung an Touristen kann Einnahmen generieren und die Kosten senken. Die Ferienimmobilie muss sich im Hinblick auf Lage und Ausstattung für die Vermietung an Touristen eignen. Wenn Sie z.B. eine Ferienimmobilie in Florida vermieten wollen, dann sollte diese nicht zu weit von der Küste entfernt sein. Eine Autofahrt von mehr als 15 Minuten zum nächsten Strand ist für die Vermietung in Florida ein „dealkiller". Es ist darüber hinaus von Vorteil, wenn die Immobilie in einer klassischen Ferienregion liegt, die ein normaler Tourist auf der Liste hat. In Florida zum Beispiel hätten Sie mit der Golfküste zwischen Naples und Fort Myers gute Karten. An der Atlantikküste wäre der Bereich von Miami Beach bis Fort Lauderdale sicher keine schlechte Wahl. Eine Immobilie auf Key Largo oder in Key West ist guter Lage für die Vermietung ein Selbstläufer. Allerdings müssen sie hier mit astronomisch hohen

---

[68] Ich verweise zur Vermeidung von Wiederholungen auf die Ausführungen weiter oben unter C. II. 7.

Einkaufspreisen rechnen. Touristen erwarten darüber hinaus selbstverständlich einen Pool in einem Ferienhaus in Florida. Eine Immobilie ohne Pool dürfte nur sehr schwer zu vermieten sein.

Wenn all diese Voraussetzungen erfüllt sind und Ihre Immobilie gut gelegen ist in einem beliebten Ferienort, dann werden Sie durchaus beachtliche Übernachtungs- reise verlangen können und eine hohe Auslastungsquote erzielen. Selbstverständlich sind attraktive Immobilien aber teurer in der Anschaffung.

Die Rentabilität einer Ferienimmobilie ergibt sich nicht allein aus dem erzielbaren Übernachtungspreis und der Auslastungsquote. Tatsächlich ist das Verhältnis der Anschaffungskosten zu den erzielbaren Nettomietein- nahmen (Einnahmen nach Abzug von Kosten) entschei- dend. Wenn Sie die Immobilie ausschließlich als Kapital- anlage zur Vermietung anschaffen wollen, müssen Sie im Vorfeld Überlegungen zu diesem Verhältnis anstellen.

Dabei sollten Sie sich auf keinen Fall auf vage Anga- ben und Mutmaßungen des Immobilienmaklers verlas- sen. Stellen Sie unbedingt eigene Recherchen an. Das ist im Zeitalter des Internets und zahlreicher Portale für die Vermietung von Ferienimmobilien auch kein unlösbares Problem mehr. Sie können z.B. aus Buchungsportalen im Internet[69] Preise ableiten, die für vergleichbare Ferien-

---

[69] Ich verweise dazu beispielsweise auf die folgenden Internet- seiten: https://www.airbnb.de, https://www.trivago.de/, https://www.fewo-direkt.de/ und

wohnungen (vergleichbar im Hinblick auf Lage und Ausstattung) verlangt werden.

Aus dem Übernachtungspreis allein können Sie noch keine „Jahresmiete" ableiten. Sie müssen darüber hinaus möglichst realistische Annahmen treffen für die erzielbare Auslastung, d.h. wie viele Übernachtungen Sie pro Jahr abrechnen können. Diese Informationen sind im Vorfeld deutlich schwieriger zu beschaffen. Denn Sie können die Auslastungsquote nicht direkt aus Buchungsportalen ableiten. Dort können Sie allenfalls aus eingestellten Online-Kalendern mit ausgebuchten Zeitfenstern für vergleichbare Ferienimmobilien Rückschlüsse ziehen. Dabei müssen Sie natürlich auch berücksichtigen, dass in einigen Regionen nur zur Hauptsaison erfolgreich vermietet werden kann. Das wäre für den Süden von Florida nur in den Wintermonaten der Fall. In den Sommermonaten ist es dort unerträglich heiß, so dass Sie mit keiner nennenswerten Auslastung rechnen können. Daher wäre es ein schwerer Fehler, die Auslastungsquoten der Wintermonate unreflektiert auch für die restliche Zeit des Jahres zu unterstellen.

Es ist durchaus zeitaufwendig, diese Fragen im Vorfeld zu recherchieren. Aber diese Arbeit ist unvermeidbar. Ohne belastbare Prognose erzielbarer Einnahmen können Sie keine belastbare Aussage über die mögliche Rentabilität und den angemessenen Kaufpreis der Immobilie ma-

---

https://www.housetrip.com/search-rentals/united-states/179187

chen. Das ist nicht nur für Sie selbst ein Problem, sondern auch für die Bank, die Ihnen ein Darlehen zur Finanzierung geben soll. Jedenfalls dann, wenn Sie über eine US-amerikanische Bank finanzieren und diese zur Absicherung eine „mortgage" auf der Immobilie verlangt. In einem solchen Fall wird sich die Bank selbstverständlich für die erzielbaren Erträge aus der Vermietung interessieren.

Sie müssen auch berücksichtigen, dass bei einer Vermietung an Feriengäste mit einem erhöhten Verschleiß der Immobilie und des Inventars zu rechnen ist. Das verursacht erhöhte Instandhaltungskosten.

b) Organisation der Vermietung

Viele Erwerber von Ferienimmobilien unterschätzen den zeitlichen Aufwand für die Vermietung. Sie müssen nicht nur für die Vermietung selbst, sondern auch für Werbung zur Akquisition von Gästen sowie für die Buchhaltung und für die Steuererklärung erheblichen Zeitaufwand einkalkulieren.

Ohne eine Vertrauensperson vor Ort ist eine Vermietung an Touristen von Deutschland aus nicht zu bewerkstelligen. Solche Vertrauenspersonen sind nicht so einfach zu finden. Außerdem verlangen diese natürlich Geld für ihre Dienste. Das bedeutet unter dem Strich, dass von den erwirtschafteten Mieteinnahmen viel weniger übrig bleibt als bei einer ganz normalen Vermietung einer Wohnung mit einem unbefristeten Mietvertrag. Darüber müssen Sie sich im Klaren sein.

Sie können sich bei der Vermietung auch auf einen professionellen Hausverwalter („property manager") vor Ort stützen. Diese Leistungen sind jedoch nicht gerade billig. Sie müssen mit mindestens 15 – 20 % Verwaltungskosten auf die Mieteinnahmen rechnen. Wenn die Vergütung unabhängig von den Mieteinnahmen berechnet wird, laufen Sie zudem Gefahr, dass Sie auch dann die laufenden Kosten am Hals haben, wenn eine Vermietung mangels Nachfrage gar nicht oder nur in geringem Umfang stattfindet.

Außerdem können Sie die Tätigkeit einer Hausverwaltung von Deutschland aus nur sehr begrenzt kontrollieren. Es kann passieren, dass diese vor Ort schwarz vermietet und Ihnen die Mieteinnahmen vorenthält, ohne dass Sie je etwas davon erfahren.[70]

c) Behördliche Verbote

Die Bürokratie ist in den USA nicht weniger ausgeprägt als in Deutschland. Das merken Sie, wenn Sie Ihre Ferienimmobilie kurzfristig vermieten wollen. Das dürfen Sie nicht einfach so beginnen. Sie müssen zuvor prüfen, ob die kurzfristige Vermietung überhaupt zulässig ist und sich behördlich registrieren lassen.

In vielen Bundesstaaten gibt es auf County - Ebene und teilweise auch auf Ebene der Kommune („municipa-

---

[70] Weitere Ausführungen zur Auswahl einer Hausverwaltung finden Sie weiter oben in Abschnitt B. III. 5.

litiy") behördliche Einschränkungen für die kurzfristige Vermietung an Touristen. In der Regel nehmen die Behörden eine kurzfristige Vermietung an, wenn diese für weniger als 30 Tage am Stück erfolgt. Damit wird die übliche Vermietung an Touristen in jedem Fall erfasst. Denn diese wird in aller Regel für kürzere Zeiträume als 30 Tage erfolgen. Wenn Sie eine Ferienimmobilie zur Vermietung anschaffen wollen, müssen Sie sich über die lokale Rechtslage frühzeitig informieren. Gerade in Touristengebieten und beliebten Ferienregionen müssen Sie mit entsprechenden Einschränkungen rechnen.

Da sich diese Regelungen laufend ändern, können Sie leider auch nicht damit rechnen, dass es langfristig bei der Zulässigkeit einer kurzfristigen Vermietung bleibt. Treibende Kräfte hinter den Verboten sind natürlich lokale Lobbygruppen wie Hoteliers und Campingplatzbetreiber.

Darüber hinaus müssen Sie mit einer Registrierungspflicht für die kurzfristige Vermietung rechnen. In Florida gibt es z.B. eine solche Registrierungspflicht. Sie sind dann wie ein Hotelier verpflichtet, Sicherheits- und Brandschutzvorschriften für solche Gebäude einzuhalten und unter Umständen weitere Auflagen zu erfüllen. Sie erhalten auf Antrag eine Lizenz, die Sie sichtbar an Ihrer Immobilie anbringen müssen. Sie sollten auf keinen Fall einfach mit der Vermietung beginnen, ohne sich genau zu informieren über die Zulässigkeit und eine behördliche Registrierungspflicht. Es kann empfindliche Strafen geben, wenn Sie gegen eine Registrierungspflicht verstoßen.

Darüber hinaus können Sie nach einem Verstoß nicht mehr mit wohlwollenden Entscheidungen der Behörden rechnen, wenn diese Ermessensspielraum haben.

Schließlich unterliegen Sie in den meisten Bundesstaaten der Umsatzsteuer („sales tax"), wenn Sie für Zeiträume von weniger als 6 Monaten vermieten.[71] Dann müssen Sie eine Umsatzsteuernummer beantragen und regelmäßig Umsatzsteuererklärungen abgeben.

Sie müssen sich darüber hinaus informieren, ob es weitere lokale Steuern auf County-Ebene gibt, die für die kurzfristige Vermietung an Touristen erhoben werden. Es gibt eine flickenteppichartige Vielfalt an lokalen Steuern der Kommunen und Countys.

d) Vermietung eines „condo"

Wenn Sie eine Immobilie in einer „condominium property" gekauft haben, müssen Sie darüber hinaus prüfen, ob die kurzfristige Vermietung in der Teilungserklärung der Eigentümergemeinschaft („declaration of condominium") oder in der Gemeinschaftsordnung („covenants, conditions and restrictions" – CC&Rs) ausgeschlossen worden ist.[72] Es kommt sehr darauf an, wie die Mehrheitsverhältnisse vor Ort sind. Sind in der Ge-

---

[71] Ich verweise dazu auf die Ausführungen weiter oben in Abschnitt C. IV. 5.

[72] Ich verweise dazu auf die Ausführungen weiter oben im Abschnitt C. II. 7.

meinschaft mehrheitlich Eigennutzer vertreten, dann können Sie mit an Sicherheit grenzender Wahrscheinlichkeit davon ausgehen, dass die kurzfristige Vermietung an Touristen ausgeschlossen ist.

Andererseits können Restriktionen auch zu Ihrem Vorteil sein. Wenn Sie die Immobilie selbst nutzen wollen, liegt der Vorteil auf der Hand, dass diese ruhiger ist als eine solche mit ständig wechselnden Gästen in der Umgebung und in den Nachbarwohnungen. Das ist ein Vorteil, den auch längerfristige Mieter zu schätzen wissen, die z.B. im Süden von Florida überwintern und direkt für 4 Monate mieten. Wenn Sie sich auf solche Gäste fokussieren, dann wäre das Verbot einer kurzfristigen Vermietung in einer Eigentümergemeinschaft sogar ein Vorteil für Sie. Denn Sie können damit werben, dass es keine kurzfristige Vermietung gibt und gezielt ruhesuchende „Snowbirds"[73] für eine längerfristige Anmietung anlocken.

2. US-amerikanisches & deutsches Finanzamt

Wenn Sie eine Ferienimmobilie in den USA erwerben und vermieten, dann können die Erträge sowohl in den

---

[73] Der Begriff „Snowbird" ist in Florida sehr gebräuchlich. Damit sind solche Leute gemeint, die in nördlicheren Gefilden der USA leben und sich für die Wintermonate nach Florida begeben.

USA als auch in Deutschland als Ihrem Wohnsitzstaat besteuert werden. Das gilt gleichermaßen für die laufenden Erträge aus der Vermietung wie für einen etwaigen Veräußerungsgewinn beim Verkauf. Sie müssen daher Ihre Einkünfte sowohl beim Finanzamt in den USA als auch beim deutschen Finanzamt in einer Steuererklärung deklarieren. Das ist für steuerrechtlich unbedarfte Leser zunächst einmal eine überraschende Information.

Die USA und der entsprechende Bundesstaat haben ein Besteuerungsrecht über die Belegenheit der Immobilie auf amerikanischem Hoheitsgebiet (= Quellensteuer) und Deutschland über Ihren Wohnsitz in Deutschland. Nach den Regeln des internationalen Steuerrechtes sind Sie nämlich mit Ihrem gesamten Welteinkommen in dem Staat unbeschränkt steuerpflichtig, in dem Sie Ihren Wohnsitz haben. So ergibt sich ein Besteuerungsrecht für zwei Staaten.

Wenn Sie Einkünfte aus der Vermietung der Ferienimmobilie in den USA erzielen, müssen Sie sogar unterjährig (quartalsweise) Steuererklärungen beim US-amerikanischen Finanzamt einreichen. Es reicht nicht aus, einmal im Jahr eine Steuererklärung zu machen. Beim deutschen Finanzamt reicht es aus, die Einkünfte einmal jährlich in Ihrer Steuererklärung zu deklarieren. Wie Sie sehen, haben Sie es in solchen Fällen sogar mit zwei Finanzämtern zu tun und Sie haben zwei Staaten als Gegenspieler im Kampf um eine faire und gerechte Besteuerung.

Die gute Nachricht ist, dass Sie aber nicht wirklich doppelt Steuern bezahlen müssen auf die Erträge. Denn Staaten schließen zur Vermeidung einer doppelten Besteuerung sogenannte Doppelbesteuerungsabkommen. Nach dem einschlägigen Doppelbesteuerungsabkommen zwischen Deutschland und den USA werden die in den USA erzielten Erträge aus der Vermietung in Deutschland bis auf einen Progressionsvorbehalt von der Einkommensteuer freigestellt.[74] So wird vermieden, dass Sie doppelt zahlen müssen.

---

[74] Das ergibt sich aus Artikel 6 und Artikel 23 Abs. 3 des Doppelbesteuerungsabkommens zwischen Deutschland und den USA in der Fassung vom 04.06.2008. Den Text des Doppelbesteuerungsabkommen finden Sie im Internet unter dem folgenden Kurzlink: https://goo.gl/h6aLsP

INDEX

A

B

F

G

H

I

J

K

L

M

176

N

O

P

Q

R

S

T

U

Ü

V

W

Z

DER AUTOR

Alexander Goldwein ist gelernter Jurist und hat einen internationalen Bildungshintergrund. Er hat in drei Staaten in drei Sprachen studiert. Er ist mit Kapitalanlagen in Immobilien self-made Millionär geworden.

Als Autor und Berater hat er zahlreiche Menschen zu wirtschaftlichem Erfolg geführt. Goldwein verfügt über eine große Bandbreite praktischer Erfahrung aus seiner Tätigkeit als Jurist in der Rechtsabteilung einer Bank sowie als kaufmännischer Projektleiter in der Immobilienbranche. In seiner praktischen Laufbahn hat er Immobilieninvestments in den USA und in Deutschland aus wirtschaftlicher und rechtlicher Sicht begleitet und verantwortet. Durch seine Bücher hat Goldwein sich bei privaten Kapitalanlegern einen legendären Ruf erarbeitet, weil er mit seinen ganzheitlichen Erklärungsansätzen den idealen Nährboden für gelungene Investitionen in Wohnimmobilien erzeugt. Mit eigenen Investitionen in Immobilien hat er ein beachtliches Vermögen aufgebaut und wirtschaftliche Unabhängigkeit erlangt.

Goldwein verfolgt konsequent den Ansatz, komplexe Themen einfach zu erklären, so dass auch Anfänger ohne Vorkenntnisse mühelos folgen können. Er erreicht so alle, die gerne in Immobilien investieren würden, aber bisher noch keinen Zugang zu dem notwendigen Fachwissen erhalten haben. Leider werden Grundkenntnisse des Investierens und des klugen Umgangs mit Geld in unserem Bildungssystem sträflich vernachlässigt. So erklärt sich, dass viele Menschen sich damit schwer tun und ihre Chancen nicht richtig nutzen.

GELD VERDIENEN MIT WOHNIMMOBILIEN

ISBN 978-0993950643 (Taschenbuch)

ISBN 978-0994853332 (Gebundene Ausgabe)

Auf Amazon.de:

http://amzn.to/22FkyNs

Erfolg als privater Immobilieninvestor

In diesem Buch erklärt der gelernte Jurist und Banker Alexander Goldwein verständlich und mit konkret durchgerechneten Beispielen, wie Sie mit Wohnimmobilien ein Vermögen aufbauen und finanzielle Freiheit erlangen können

In diesem Buch erfahren Sie ganz konkret:

- Strategien zur sicheren & rentablen Kapitalanlage in Wohnimmobilien
- Aufspüren lukrativer Renditeimmobilien auch in angespannten Märkten
- Grundlagen der Immobilienbewertung und Kaufpreisfindung
- Checklisten zur professionellen Prüfung & Verhandlungsstrategien für den Ankauf
- Strategien für die optimale Finanzierung und Hebelung der Eigenkapitalrendite
- Berechnung von Cash-Flow & Rendite mit dem als Bonus erhältlichen Excel-Rechentool
- Steueroptimierte Bewirtschaftung & Realisierung von Veräußerungsgewinnen
- Praxisrelevante Grundlagen des Immobilienrechtes (inklusive der Besonderheiten bei vermieteten Eigentumswohnungen)
- Praxisrelevante Grundlagen des Mietrechtes (inklusive der Regelungen zu Mieterhöhungen)

STEUERLEITFADEN FÜR IMMOBILIENINVESTOREN

ISBN: 978-0994853363 (Taschenbuch)

ISBN: 978-0994853387 (Gebundene Ausgabe)

Auf Amazon.de: http://amzn.to/2ecvfF2

Der ultimative Steuerratgeber für Privatinvestitionen in Wohnimmobilien

Sichern Sie sich maximale Steuervorteile durch überlegenes Wissen! Der Autor erklärt Ihnen Schritt für Schritt praxiserprobte Steuerstrategien für vermietete Wohnimmobilien. Kompakt, verständlich und gründlich.

- Maximaler Ansatz von Werbungskosten
- Realisierung steuerfreier Veräußerungsgewinne
- Steuervorteile bei Denkmalschutzimmobilien
- Ferienimmobilien im In- und Ausland als Renditeobjekt
- Erbschafts- und Schenkungssteuer (steueroptimierte Übertragung auf Ehepartner & Kinder)
- Bonusmaterial: Excel-Tool für Kalkulation von Rendite, Finanzierungskosten und Cash-Flow

Das Markenzeichen von Alexander Goldwein ist, komplexe Themen einfach zu erklären. So haben auch Leser ohne Vorkenntnisse die Chance, die Zusammenhänge zu verstehen und dieses Wissen für sich zu nutzen. Das Buch enthält zahlreiche Beispiele aus der Praxis und aktuelle Hinweise auf die Rechtsprechung und auf Schreiben des Bundesfinanzministeriums. Es ist sowohl für Anfänger als auch für Fortgeschrittene geeignet.

VERMIETUNG & MIETERHÖHUNG

ISBN: 978-0994853318 (Taschenbuch)
ISBN: 978-0994853394 (Gebundene Ausgabe)
Auf Amazon.de: http://amzn.to/22FlloI

Mit anwaltsgeprüftem Mustermietvertrag

Dieser Ratgeber hilft mit umfassenden Informationen und praktischen Tipps, die Vermietung professionell anzupacken. Er führt verständlich in die praxisrelevanten Grundlagen des Mietrechtes ein und leitet daraus strategische Empfehlungen ab.

- Anwaltsgeprüfter Mustermietvertrag und zahlreiche Mustertexte für die praktische Umsetzung
- Strategien für die richtige Mieterauswahl
- Muster für professionelle Nebenkostenabrechnung
- Mieterhöhungen durchsetzen & Mietminderungen abwehren
- Entschärfung von Konfliktherden mit Mietern

Dieses Buch ist die 2. überarbeitete und aktualisierte Auflage 2017.

Was Leser über das Buch meinen:

Leicht verständlich und übersichtlich

"Dieser Vermietungsratgeber ist leicht verständlich geschrieben und sehr gut gegliedert. Es packt alle Themen an. Hilfreich ist auch das Mietvertragsmuster. Rundum empfehlenswert."

IMMOBILIEN STEUEROPTIMIERT VERSCHENKEN & VERERBEN

ISBN: 978-0994853370 (Taschenbuch)

ISBN: 978-0994853349 (Gebundene Ausgabe)

Auf Amazon.de: http://amzn.to/2cAaoPs

Erbfolge durch Testament regeln & Steuern sparen mit Freibeträgen & Schenkungen von Häusern & Eigentumswohnungen

Bei der Übertragung von Immobilien auf die kommende Generation muss vieles bedacht werden. Dieser Ratgeber zeigt Ihnen praxisorientiert und einfach verständlich, wie Sie Fehler vermeiden und die Gestaltungsspielräume optimal ausnutzen. Dabei geht es nicht nur um die Einsparung von Erbschafts- und Schenkungssteuern, sondern auch um eine optimale Gestaltung der Erbfolge zur Realisierung der folgenden Zielsetzungen:

- Optimale Gestaltung des Testamentes zur Übertragung von Immobilienvermögen
- Optimale und mehrfache Ausnutzung von Steuerfreibeträgen durch Schenkungen
- Absicherung des Schenkers und Senkung des steuerpflichtigen Übertragungswertes durch Nießbrauch, Wohnrecht und Leibrente

DIE GESETZE VON ERFOLG & GLÜCK

ISBN: 978-3947201013 (Taschenbuch)

ISBN: 978-3947201136 (Gebundene Ausgabe)

Auf Amazon.de: http://amzn.to/2pPSAAm

Ihr Weg zu finanzieller Freiheit & Zufriedenheit

Es ist die Frage der Fragen: Wie wird man als Mensch erfolgreich und glücklich?

Der self-made Millionär und Bestsellerautor Goldwein gibt Antworten und verrät in diesem Buch die Geheimnisse seines phänomenalen Erfolges. Innerhalb weniger Jahre ist der gelernte Jurist mit Kapitalanlagen in Immobilien Millionär geworden und darüber hinaus zu einem der erfolgreichsten Sachbuchautoren in Deutschland aufgestiegen. Er hat mit seinen Ratgeberbüchern viele Leser begeistert und zu wirtschaftlichem Erfolg geführt.

Aus dem Inhalt:

- Selbsterkenntnis als Schlüssel zum Erfolg
- Wege in die finanzielle Freiheit
- Chancen erkennen & nutzen
- Steigerung der Effizienz mit einfachen Mitteln
- Steigerung der Lebensqualität & Zufriedenheit
- Mehr Erfolg bei weniger Stress
- Unabhängigkeit & Freiheit erlangen

IMMOBILIENFINANZIERUNG FÜR EIGENNUTZER

ISBN: 978-3947201099 (Taschenbuch)

ISBN: 978-3947201105 (Gebundene Ausgabe)

Auf Amazon.de: http://amzn.to/2tCIoAc

Ratgeber für Kauf, Bau & Kredit

Kauf und Finanzierung eines Eigenheims stellen langfristige und weitreichende Weichenstellungen dar. In diesem Ratgeber werden Sie zielgenau mit dem praxisrelevanten Wissen versorgt und in den Stand versetzt, Ihre Entscheidung auf einer soliden Informationsgrundlage aufzubauen.

Aus dem Inhalt:

- Strategien für eine intelligente Finanzierung mit Darlehen & Eigenkapital
- Staatliche Förderung des Eigenheimerwerbs (z.B. Wohn-Riester)
- Kauf einer gebrauchten Immobilie
- Kauf einer Neubauimmobilie vom Bauträger
- Kauf in der Zwangsversteigerung
- Kauf eines Grundstückes & Bau in Eigenregie
- Besonderheiten beim Kauf einer Eigentumswohnung

Sie erhalten umfangreiche Informationen und Checklisten für die Prüfung einer Immobilie auf Herz und Nieren. Als Bonus ist ein Excel-Rechentool für Immobiliendarlehen verfügbar. Mit diesem Ratgeber werden Sie in der Lage sein, den Kauf und die Finanzierung gut zu organisieren und teure Fehlgriffe zu vermeiden.

FERIENIMMOBILIEN IN DEUTSCHLAND & IM AUSLAND

ISBN: 978-3947201150 (Taschenbuch)

ISBN: 978-3947201167 (Gebundene Ausgabe)

Auf Amazon.de: http://amzn.to/2i2pwHi

Erwerben, Selbstnutzen & Vermieten

Viele Menschen träumen von einer eigenen Ferienimmobilie in Deutschland oder im Ausland. Dieser Ratgeber zeigt Ihnen, worauf es beim Erwerb und bei der Finanzierung ankommt und wie Sie Fehler vermeiden.

Sie erfahren ganz konkret:

- Kriterien für die Auswahl der Ferienimmobilie
- Kriterien für die Auswahl des Standortes
- Ermittlung des angemessenen Kaufpreises
- Rechtssicherer Erwerb im Inland und im Ausland
- Eliminierung typischer Fehlerquellen
- Eigennutzung und Vermietung der Ferienimmobilie
- Ferienimmobilie als Kapitalanlage
- Steuerrechtliche Fragen bei Erwerb und Vermietung
- VISA-Anforderungen bei Auslandsimmobilien

Der Bestsellerautor Goldwein ist gelernter Jurist und hat in drei Staaten in drei Sprachen studiert. Er beschäftigt sich seit fast 20 Jahren professionell mit Immobilien und ist selbst Eigentümer von Ferienimmobilien in Deutschland, Spanien und Florida. Mehrere seiner Bücher sind Bestseller Nr. 1 bei Amazon und haben zahlreiche Leser begeistert und zum Erfolg geführt.

FERIENIMMOBILIEN IN SPANIEN

ISBN: 978-3947201211 (Taschenbuch)

ISBN: 978-3947201228 (Gebundene Ausgabe)

Auf Amazon.de: http://amzn.to/2wqBhgd

Erwerben, Selbstnutzen & Vermieten

Viele Menschen träumen von einer eigenen Ferienimmobilie in Spanien. Dieser Ratgeber zeigt Ihnen, worauf es beim Erwerb und bei der Finanzierung ankommt und wie Sie Fehler vermeiden.

Sie erfahren ganz konkret:

- Kriterien für die Auswahl der Ferienimmobilie
- Ermittlung des angemessenen Kaufpreises
- Rechtssicherer Erwerb in Spanien
- Eliminierung typischer Fehlerquellen
- Eigennutzung und Vermietung
- Ferienimmobilie in Spanien als Kapitalanlage
- Steuerrechtliche Fragen bei Erwerb und Vermietung
- VISA-Anforderungen für langfristige Niederlassung

Der Bestsellerautor Goldwein ist gelernter Jurist und hat in drei Staaten in drei Sprachen studiert. Er beschäftigt sich seit fast 20 Jahren professionell mit Immobilien und ist selbst Eigentümer von Ferienimmobilien in Spanien, Deutschland und Florida. Mehrere seiner Bücher sind Bestseller Nr. 1 bei Amazon und haben zahlreiche Leser begeistert und zum Erfolg geführt.

BONUSMATERIAL

Liebe Leserin,

Lieber Leser,

Neben meiner Tätigkeit als Buchautor publiziere ich immer wieder Fachartikel zu ausgewählten und aktuellen Themen rund um die Immobilie. Eine Zusammenstellung sämtlicher Artikel habe ich zu einem Wissenspaket geschnürt. Es gibt Ihnen einen Überblick und beleuchtet schlaglichtartig praxisrelevante Problemherde und Lösungsansätze rund um die Immobilie.

Das als Bonusmaterial zu diesem Buch erhältliche Wissenspaket erhalten Sie unkompliziert über einen Downloadlink auf Anforderung per eMail:

FIU@alexander-goldwein.de

An dieser Stelle möchte ich mich bei allen treuen Lesern herzlich bedanken für viele interessante Rückmeldungen und Gespräche.

41187158R00114

Printed in Poland
by Amazon Fulfillment
Poland Sp. z o.o., Wrocław